AF881324

मास्टर बिल्डर

मास्टर बिल्डर

हेनरिक इब्सन

अनुवाद

तेजी ग्रोवर

रुस्तम सिंह

वाणी प्रकाशन

वाणी प्रकाशन
4695, 21-ए, दरियागंज, नयी दिल्ली 110 002
शाखा
अशोक राजपथ, पटना 800 004
फ़ोन: +91 11 23273167 फ़ैक्स: +91 11 23275710
www.vaniprakashan.in
vaniprakashan@gmail.com

MASTER BUILDER
by Henrik Ibsen
Translated by Teji Grover, Rustam Singh

ISBN : 978-93-8679-983-8

Play

प्रथम संस्करण 2006
आवृत्ति संस्करण 2015
मूल्य : ₹125

हर्ष प्रिंटर्स, दिल्ली-110 093 में मुद्रित
वाणी प्रकाशन का लोगो मक़बूल फ़िदा हुसेन की कूची से

Acknowledgments

We're grateful to NORLA (Norwegian Literature Abroad) for assisting us in the translation of Henrik Ibsen's plays *The Master Builder* and *Hedda Gabler* in commemoration of the playwright's death centenary in the year 2006.

We also thank Amitabh Srivastava, the well known actor and theatre artiste trained at the National School of Drama, for doing the final reading of the manuscripts. His suggestions were extremely helpful and have been incorporated into the final version.

पात्र

हल्वर्ड सोलनेस, मास्टर बिल्डर
आलीने सोलनेस, उसकी पत्नी
डॉ. हैर्दाल, परिवार का डॉक्टर
क्नुत ब्रोविक, पूर्व वास्तुशास्त्री, अब सोलनेस की कम्पनी में सहायक
काया फ़ोस्ली, उसकी भतीजी, लेखापाल
रन्गनार ब्रोविक, उसका बेटा, नक़्शानवीस
हिल्दे वांगेल
गली में कुछ महिलाएं और गली की भीड़

घटनाएँ सोलनेस के घर में घटती हैं।

अंक एक

सोलनेस के घर में सादा ढंग से सजा हुआ दफ़्तर-नुमा कमरा। बायीं तरफ़ की दीवार में फ़ोल्डिंग दरवाज़े बाहर हॉल में खुलते हैं। दायीं तरफ़ एक दरवाज़ा घर के भीतरी कमरों में ले जाता है। पिछली दीवार में एक खुला दरवाज़ा नक़्शानवीस के दफ़्तर में जाता है। आगे की ओर एक डेस्क जिस पर किताबें, काग़ज़ और लिखने का सामान है। फ़ोल्डिंग दरवाज़े से पीछे की ओर एक स्टोव है। दायीं तरफ़ के कोने में एक सोफ़ा, एक मेज़ और कुछ कुर्सियाँ हैं। मेज़ पर पानी से भरा एक जग और एक गिलास। आगे दायीं तरफ़ एक छोटी मेज़ के साथ झूलने वाली एक कुर्सी और एक आरामकुर्सी है। नक़्शानवीस के दफ़्तर की मेज़ पर, कोने वाली मेज़ पर और डेस्क पर शेड वाले लैम्प जल रहे हैं।

भीतर, नक़्शानवीस के दफ़्तर में बैठे क्नुत ब्रोविक और उसका बेटा रन्गनार अपनी योजनाओं कौर गणनाओं में व्यस्त हैं। बाहर वाले दफ़्तर में डेस्क के पास खड़ी काया फ़ोस्ली बही-खाते में कुछ लिख रही है। क्नुत ब्रोविक सफ़ेद बालों और दाढ़ी वाला काफ़ी दुबला और बूढ़ा व्यक्ति है। वह एक पुराना, लगभग जर्जर किन्तु साफ़-सुथरा काला कोट पहने है। वह चश्मा और एक सफ़ेद गुलूबन्द पहने है जो अब कुछ-कुछ पीला पड़ गया है। रन्गनार ब्रोविक तीस से ऊपर है, बढ़िया पोशाक पहने है, उसके बाल सुनहरी हैं, और वह थोड़ा झुका हुआ सा रहता है। काया फ़ोस्ली पतली है, बीस से कुछ ऊपर, साफ़-सुथरी पोशाक पहने, किन्तु देखने में कुछ नाज़ुक। वह धूप का हरा चश्मा पहने है। थोड़ी देर के लिए तीनों चुपचाप काम करते रहते हैं।

क्नुत ब्रोविक : *(मेज़ से अचानक उठ खड़ा होता है, जैसे कि तकलीफ़ में हो, और दरवाज़े की तरफ़ आते हुए भारी और मुश्किल भरे साँस लेता है)* नहीं, अब मैं और नहीं सह सकता।

काया : *(उसके पास जाते हुए)* आज शाम आपको बिलकुल अच्छा नहीं लग रहा न अंकल?

ब्रोविक : ओह लगता है कि दिन-ब-दिन मेरी तबियत बिगड़ रही है।

रग्नार : *(जो उठ खड़ा हुआ है, नज़दीक आते हुए)* बेहतर होगा कि आप घर चले जायें, पिताजी। और ज़रा सोने की कोशिश करें -

ब्रोविक : *(अधैर्य से)* यानी बिस्तर पर पड़ जाऊँ? तुम चाहते हो बिलकुल ही दम घुट जाये मेरा?

काया : तब थोड़ी सैर कर लीजिए।

रग्नार : हाँ, मैं आपके साथ चलता हूँ।

ब्रोविक : (गुस्से में) मैं उसके आने से पहले बिलकुल नहीं जाऊँगा! आज मैं उससे - चीफ़ से - *(दबायी हुई कड़वाहट के स्वर में)* साफ़-साफ़ बात करने वाला हूँ।

काया : *(चौंक कर)* ओह नहीं, अंकल - फिर कभी सही।

रग्नार : हाँ, बाद में करना ही ठीक रहेगा!

ब्रोविक : *(कठिनाई से साँस लेते हुए)* हा - हा - ! मेरे पास इन्तज़ार के लिए अब ज़्यादा समय नहीं बचा।

काया : *(सुनते हुए)* चुप! वे ऊपर आ रहे हैं! *(वे सब वापिस काम में व्यस्त हो जाते हैं। थोड़ी देर के लिए सब चुप हैं। मास्टर बिल्डर हल्वर्ड सोलनेस हॉल के दरवाज़े से अन्दर आता है। वह बढ़ती उम्र का मज़बूत और तन्दरुस्त व्यक्ति है, उसके बाल छोटे और घुँघराले हैं, मूँछें काली, और भौहें काली और घनी। वह स्लेटी हरे रंग की, बटनों वाली जैकेट पहने है, जिसकी कॉलर ऊँची है और*

लैपेलें चौड़ी। वह हल्के स्लेटी रंग का फ़ेल्ट हैट पहने है, और बाज़ू के नीचे दो-एक फ़ोल्डर लिये हुए है)

सोलनेस : *(दरवाज़े के पास, नक़्शानवीस के दफ़्तर की ओर इशारा करता है और फुसफुसाते हुए पूछता है)* क्या वे चले गये हैं?

काया : *(धीमे स्वर में, सिर हिलाते हुए)* नहीं। *(वह अपना धूप का चश्मा उतार देती है। सोलनेस कमरे के दूसरी तरफ़ जाता है, हैट को एक कुर्सी पर फेंकता है, फ़ोल्डरों को सोफ़े वाली मेज़ पर रखता है, और वापिस डेस्क की ओर आता है। काया बिना रुके लिखती रहती है, किन्तु घबरायी हुई और बेचैन नज़र आती है)*

सोलनेस : *(ऊँचे स्वर में)* मिस फ़ोस्ली, तुम क्या दर्ज कर रही हो?

काया : *(चौंकते हुए)* ओह, यह सिर्फ़ -

सोलनेस : ज़रा दिखाओ तो। *(वह उसके ऊपर झुकता है, जैसे कि बही-खाते को पढ़ रहा हो, और फुसफुसाता है)* काया?

काया : *(लिखते हुए, धीमे से)* हाँ?

सोलनेस : जब मैं आता हूँ तो तुम चश्मा उतार क्यों देती हो?

काया : *(पहले की तरह ही)* ओह क्योंकि में इसे पहने हुए भद्दी दिखती हूँ।

सोलनेस : *(मुस्कराते हुए)* तो तुम भद्दी नहीं दिखना चाहतीं, काया?

काया : *(आधी नज़र से उसे देखते हुए)* दुनिया की किसी भी चीज़ के बदले में नहीं। *आपकी* आँखों में नहीं।

सोलनेस : *(धीमे से उसके बालों को सहलाते हुए)* बेचारी, बेचारी नन्हीं काया -

काया : *(अपना सिर झुकाते हुए)* चुप वे सुन लेंगे!

(सोलनेस कमरे के दायीं तरफ़ टहलता हुआ जाता है, मुड़ता है, और नक़्शानवीस के दफ़्तर के दरवाज़े के

पास रुक जाता है)

सोलनेस : कोई मुझसे मिलने आया?

रग्नार : *(उठते हुए)* हाँ, वो युवा लोग जो बाहर लवस्ट्राँड में बँगला बनाना चाहते हैं।

सोलनेस : *(बुड़बुड़ाते हुए)* ओह, वे दोनों? लेकिन उन्हें इन्तज़ार करना होगा। अभी डिज़ाइन पूरी तरह स्पष्ट नहीं है।

रग्नार : *(पास आते हुए, और झिझक भरे स्वर में)* वे लोग डिज़ाइन बहुत जल्दी तैयार चाहते हैं।

सोलनेस : *(पहले की तरह)* हे भगवान, हाँ! वे सब यही चाहते हैं!

ब्रोविक : *(ऊपर देखते हुए)* वे कह रहे हे कि वे बस अब अपने घर में रहना चाहते हैं।

सोलनेस : ओह हाँ, ओह हाँ। यह तो हम जानते हैं! और इसलिए जो कुछ भी बन जाता है वे उससे काम चला लेते हैं। रहने के लिए कुछ-न-कुछ इन्तज़ाम कर लेते हैं। सिर के ऊपर कैसी भी कोई छत। लेकिन घर नहीं। नहीं शुक्रिया! यदि उन्हें यही चाहिए तो किसी और के यहाँ जाने दो उन्हें। जब वे वापिस आयें तो यह उन्हें बता देना।

ब्रोविक : *(अपने चश्मे को माथे पर धकेलते और उसकी ओर हैरानी से देखते हुए)* किसी और के यहाँ? तो आप कमीशन छोड़ देंगे?

सोलनेस : *(अधैर्य से)* हाँ, हाँ, भाड़ में जाने दो! यही बात है तो - बिना सोचे-समझे बनाने से तो यही अच्छा है। *(बेकाबू होते हुए)* और फिर इन लोगों को मैं अच्छी तरह जानता भी तो नहीं!

ब्रोविक : वे काफ़ी इज़्ज़तदार लोग हैं। रग्नार उन्हें जानता है। वह उनके परिवार का दोस्त है।

सोलनेस : इज़्ज़तदार, उफ़! मेरा यह मतलब बिलकुल भी नहीं। हे भगवान - क्या तुम भी मुझे नहीं समझते? *(गुस्से में)* मैं इन अजनबियों के लिए कोई काम नहीं करूँगा। मेरी

ओर से, वे जिसके पास भी जाना चाहें चले जायें!

ब्रोविक : *(उठते हुए)* क्या आप वाक़ई ऐसा कह रह हैं - गम्भीरता से?

सोलनेस : *(बदमिजाज़ी से)* हाँ। इस बार तो कह ही रहा हूँ। *(वह आगे की ओर आ जाता है ब्रोविक और रग्नार नज़र मिलाते हैं। रग्नार उसे चेतावनी का इशारा करता है। तब ब्रोविक अगले कमरे में आता है)*

ब्रोविक : क्या मैं आपसे कुछ बात कर सकता हूँ?

सोलनेस : ज़रूर कहो।

ब्रोविक : *(काया से)* एक पल के लिए अन्दर चली जाओ, माइ डीयर।

काया : *(बेचैनी से)* ओह, लेकिन अंकल -

ब्रोविक : जैसा कह रहा हूँ वैसा ही करो, मेरे बच्चे। और अपने पीछे दरवाज़ा बन्द कर दो। *(काया, अनिच्छा से, नक़्शानवीस के दफ़्तर में चली जाती है, सोलनेस की तरफ़ चिन्ता और याचना-भरे अन्दाज़ से देखती है, और दरवाज़ा बन्द कर देती है)*

ब्रोविक : *(अपनी आवाज़ को ज़रा धीमा करते हुए)* मैं नहीं चाहता कि इन बेचारे बच्चों को पता चले कि मेरी हालत कितनी ख़राब है।

सोलनेस : हाँ, आजकल तुम काफ़ी हिले हुए लगते हो।

ब्रोविक : जल्दी ही मेरा काम तमाम होने वाला है। मेरी ताक़त दिन-ब-दिन कम होती जा रही है।

सोलनेस : थोड़ी देर बैठ जाओ।

ब्रोविक : शुक्रिया - बैठ जाऊँ?

सोलनेस : *(आरामकुर्सी को उसकी ओर खींचते हुए)* आओ। बैठ जाओ। तो फिर?

ब्रोविक : *(कठिनाई से बैठ जाता है)* मुझे रग्नार के बारे में कुछ

पूछना है। यह बात एक बोझ की तरह मेरे मन में बैठी हुई है। उसका क्या होने वाला है?

सोलनेस : तुम्हारा बेटा मेरे साथ ही यहाँ रहेगा, जितनी देर वह रहना चाहे।

ब्रोविक : लेकिन यही तो वह चाहता नहीं। उसे नहीं लगता कि वह अब और यहाँ रह सकता है।

सोलनेस : लेकिन, मेरा ख़याल है, उसे तनख़्वाह तो अच्छी-ख़ासी मिलती है। यदि उसे कुछ ज़्यादा चाहिए तो मुझे ऐतराज़ नहीं होगा-

ब्रोविक : नहीं, नहीं! यह बात तो है ही नहीं। *(अधैर्य से)* लेकिन उसे किसी दिन अपने आप काम करने का मौक़ा तो मिलना चाहिए!

सोलनेस : *(बिना उसकी ओर देखे हुए)* तुम्हें लगता है कि रन्गनार में ऐसा करने की क़ाबलियत है?

ब्रोविक : नहीं, देखिए, यही तो इसमें डराने वाली चीज़ है। मुझे अब उस लड़के पर शक होने लगा है। क्योंकि आपने कभी उसके बारे में हौसला-अफ़ज़ाई का - एक शब्द भी नहीं कहा। लेकिन फिर भी मैं यह सोचे बिना नहीं रह सकता कि उसमें ज़रूर कुछ होगा। उसमें ज़रूर कुछ क़ाबलियत होगी।

सोलनेस : हाँ, लेकिन उसने सीखा तो कुछ भी नहीं है - पूरी तरह कुछ भी तो नहीं। नक़्शानवीसी के सिवा।

ब्रोविक : *(छिपी घृणा से उसे देखते हुए, और भर्राए हुए स्वर में)* आपने भी धन्धे के बारे में कुछ ख़ास नहीं सीखा था, जब आप मेरे दफ़्तर में थे। लेकिन फिर भी आपने अपना रास्ता तो ढूँढ लिया था न। *(कठिनाई से साँस लेते हुए)* और आगे बढ़ गये थे आप। और मेरा बेड़ा ग़र्क कर दिया था आपने - और बहुत से और लोगों का भी।

सोलनेस : लेकिन, देखो - *मेरे लिए* तो यह तरक़ीब काम कर गयी न।

ब्रोविक : आप ठीक कह रहे हैं। हर चीज़ ने आप ही का साथ दिया। लेकिन आप इतने बेरहम तो नहीं हो सकते कि मुझे क़ब्र में चले जाने दें - यह जाने बिना कि रन्गनार किस लायक़ है। और फिर मैं उन्हें शादीशुदा भी देखना चाहता हूँ - जाने से पहले।

सोलनेस : *(तीखे स्वर में)* क्या *वह* ऐसा चाहती है?

ब्रोविक : काया इतना नहीं। लेकिन रन्गनार रोज़ इसके बारे में बात करता है। *(विनती करते हुए)* वह अपना काम शुरू कर सके इसमें उसकी मदद अब अपको ज़रूर - करनी ही होगी! मुझे लड़के के हाथ का किया हुआ कुछ काम देखना ही होगा। आप सुन रहे हैं?

सोलनेस : *(चिढ़े हुए अन्दाज़ में)* लेकिन - लानत है इस सब पर- मैं उसके लिए चाँद से तो काम लेकर नहीं आ सकता!

ब्रोविक : उसे एक बढ़िया काम फ़ौरन मिल सकता है। एक बहुत बड़ा काम।

सोलनेस : *(हैरान और बेचैन)* मिल सकता है?

ब्रोविक : यदि आप सहमति दें दें तो।

सोलनेस : किस तरह का काम?

ब्रोविक : *(थोड़ा झिझकते हुए)* उसे लवस्ट्रॉंड वाला बँगला मिल सकता है।

सोलनेस : *वह* ? लेकिन उसे तो मैं खुद बनाने जा रहा हूँ!

ब्रूरिक : ओह, उसमें आपकी ज़्यादा रुचि नहीं है।

सोलनेस : *(भड़कते हुए)* रुचि नहीं है! मेरी! किसकी हिम्मत है यह कहने की?

ब्रूरिक : आपने खुद ही तो कुछ देर पहले ऐसा कहा था।

सोलनेस : ओह, मेरे *कहने* पर - मत जाओ। क्या रन्गनार को उस

बँगले का काम मिल सकता है?

ब्रोविक : हाँ। क्योंकि वह उस परिवार को जानता है। और फिर-सिर्फ़ अपने मज़े के लिए—उसने नक़्शे और हिसाब-किताब सब बना लिये हैं -

सोलनेस : और ये नक़्शे, क्या वे उनसे खुश हैं? वो लोग जो वहाँ रहने जा रहे हैं?

ब्रोविक : हाँ, यदि आप उन्हें देख लें और अपनी मंज़ूरी दे दें-

सोलनेस : तब वे रन्गनार को अपना घर बनाने देंगे?

ब्रोविक : उन्हें बहुत अच्छा लगा, जो प्रस्ताव उसने दिया है। उन्हें लगा यह एकदम नये किस्म की चीज़ है।

सोलनेस : आह! *नया*! उस तरह के पुराने अन्दाज़ की चीज़ नहीं जिसे *मैं* बनाने का आदी हूँ!

ब्रोविक : उनके विचार में यह उससे भिन्न था।

सोलनेस : *(दबी कड़ुवाहट से)* तो फिर वे रन्गनार से मिलने आये थे - जब मैं बाहर था!

ब्रोविक : वे आपसे मिलने आये थे। ओर यह पूछने कि क्या आप रिटायर होने को राज़ी होंगे -

सोलनेस : *(भड़कते हुए)* रिटायर! मैं!

ब्रोविक : यदि आपको लगे कि रन्गनार के नक़्शे -

सोलनेस : मैं! तुम्हारे बेटे की ख़ातिर रिटायर हो जाऊँ!

ब्रोविक : उनका मतलब था कि आप सिर्फ़ इस काम को छोड़ दें।

सोलनेस : ओह, लेकिन बात तो एक ही है। *(कड़वी हँसी हँसते हुए)* तो यह मामला है! हल्वर्ड सोलनेस, - अब उसे रिटायर होने की शुरुआत करनी है! नौजवानों के लिए जगह बनानी है। शायद सबसे जवान शख़्स के लिए! बस जगह बनानी है! जगह! जगह!

ब्रोविक : भगवान के लिए, यहाँ एक आदमी से ज़्यादा जगह-

सोलनेस : ओह नहीं, इतनी ज़्यादा जगह भी नहीं है। जैसा भी हो,

इससे कोई फ़र्क नहीं पड़ता। मैं कभी रिटायर नहीं होऊँगा! किसी के लिए भी रास्ता नहीं छोड़ूँगा! अपनी मर्ज़ी से कभी नहीं! इस दुनिया में मैं ऐसा कभी नहीं करूँगा!

ब्रोविक : *(कठिनाई से उठते हुए)* तो क्या मैं बिना पता लगाये ही मर जाऊँगा? बिना कोई खुशी महसूस किये? रन्गनार में भरोसे और विश्वास के बिना ही? उसके काम का एक भी नमूना देखे बिना? क्या यही मेरे नियति है?

सोलनेस : *(आधा मुड़कर बुड़बुड़ाते हुए)* हम्म्, - अब और कुछ मत पूछो।

ब्रोविक : हाँ, मेरे सवाल का जवाब दीजिए। क्या मुझे इसी मुफ़लिसी में मरना है?

सोलनेस : *(जैसे कि अपने आप से संघर्ष कर रहा हो, अन्ततः वह धीमी किन्तु, ठोस आवाज़ में कहता है)* तुम जैसे भी मरना चाहते हो, मरो।

ब्रोविक : ठीक है फिर। *(वह कमरे को पार करता है)*

सोलनेस : *(उसका पीछा करते हुए, लगभग हताशा में)* तुम इस बात को समझ नहीं रहे कि मैं और कुछ नहीं कर सकता? मैं जो हूँ, वही हूँ। मैं अपने आप को कुछ और नहीं बना सकता।

ब्रोविक : नहीं, नहीं, शायद आप नहीं बना सकते। *(वह लड़खड़ाता है और सोफ़े वाली मेज़ के पास रुकता है)* मुझे एक गिलास पानी मिल सकता है?

सोलनेस : क्यों नही। *(पानी भरकर गिलास उसे देता है)*

ब्रोविक : शुक्रिया। *(पानी पीकर गिलास को रख देता है। सोलनेस जाकर नक़्शानवीस के दफ़्तर का दरवाज़ा खोल देता है)*

सोलनेस : रन्गनार, अपने पिता को घर ले जाओ। *(रन्गनार एकदम उठ खड़ा होता है। वह और काया दफ़्तर में आ जाते हैं)*

रग्नार : क्या हुआ, पिताजी?

ब्रोविक : मेरी बाँह पकड़ लो। और अब हम यहाँ से चलते हैं।

रग्नार : ठीक है। तुम भी अपना सामान ले लो, काया।

सोलनेस : मिस फ़ोस्ली को रुकना होगा। थोड़ी देर के लिए। मुझे एक चिठ्ठी लिखवानी है।

ब्रोविक : *(सोलनेस को देखते हुए)* गुड नाइट। आपको सो जाना चाहिए, हो सके तो।

सोलनेस : गुड नाइट।

(ब्रोविक और रग्नार दरवाज़े से बाहर हाल में चले जाते है। काया डेस्क की ओर जाती है। सोलनेस सिर झुकाये दायीं ओर आरामकुर्सी के पास खड़ा है)

काया : *(अनिश्चय में)* क्या *वाक़ई* कोई चिठ्ठी है -?

सोलनेस : *(थोड़ी देर बाद)* नहीं, चिठ्ठी तो नहीं है।

(सख़्ती से उसकी ओर देखते हुए) काया!

काया : *(चिन्तित और धीमे स्वर में)* हाँ?

सोलनेस : *(रौब से अपनी उँगली से फ़र्श की ओर इशारा करते हुए)* यहाँ आओ! एकदम!

काया : *(आज्ञा का पालन करते हुए)* आप मुझे किस लिए बुला रहे हैं?

सोलनेस : *(एक क्षण उसकी ओर देखते हुए)* इस सब के लिए मुझे क्या तुम्हारा शुक्रगुज़ार होना चाहिए?

काया : नहीं, नहीं, ऐसा मत सोचिए!

सोलनेस : लेकिन तुम - शादी की योजना बना रही हो।

काया : *(धीमे स्वर में)* रग्नार और मेरी सगाई हुए चार-पाँच साल हो चुके हैं, और इसलिए -

सोलनेस : और इसलिए तुम चाहती हो कि यह सब ख़त्म हो जाये। क्या ऐसा नहीं है?

काया : रग्नार और अंकल कहते हैं कि मुझे शादी कर लेनी

चाहिए। और मुझे लगता है कि मुझे उनकी बात माननी ही होगी।

सोलनेस : *(पहले से ज़्यादा नर्मी से)* काया, क्या ऐसा नहीं है कि रन्गनार भी तुम्हें, सच में, अच्छा लगता है?

काया : किसी ज़माने में रन्गनार मुझे बहुत अच्छा लगता था। आपके यहाँ नौकरी करने से पहले।

सोलनेस : लेकिन अब नहीं? बिलकुल भी नहीं?

काया : *(आवेश में, अपने हाथ एक-दूसरे में भींचकर उसकी ओर बढ़ाते हुए)* ओह, आपको तो पता है अब मैं सिर्फ़ एक आदमी को पसन्द करती हूँ। पूरी दुनिया में और किसी को भी नहीं। मैं और किसी को कभी पसन्द नहीं करूँगी।

सोलनेस : हाँ, कहती तो तुम यही हो। फिर भी तुम मुझसे दूर जा रही हो। इस सब के साथ मुझे अकेला छोड़कर।

काया : लेकिन क्या मैं आपके साथ नहीं रह सकती, चाहे रन्गनार -?

सोलनेस : *(इस विचार को बर्ख़ास्त करते हुए)* नहीं, नहीं, इससे काम नहीं चलेगा! यदि रन्गनार अपना धन्धा शुरू कर लेता है तो उसे तुम्हारी ज़रूरत पड़ेगी।

काया : *(अपने हाथ मलते हुए)* ओह, मैं समझ नहीं पा रही कि मैं कैसे आपको छोड़ सकती हूँ। यह बिलकुल नामुमकिन लगता है।

सोलनेस : तब रन्गनार को समझाओ कि वह ये मूर्खतापूर्ण सपने लेना छोड़ दे। उससे शादी करनी है तो करो - *(स्वर बदलते हुए)* मेरा मतलब है उसे समझाओ कि वह मेरे यहाँ अपनी अच्छी पोज़िशन को न छोड़े। क्योंकि तब मैं तुम्हें भी रखे रह सकता हूँ, काया डीयर।

काया : ओह हाँ, यह कितना बढ़िया रहेगा, यदि ऐसा किया जा सके।

सोलनेस : *(उसका सिर अपने दोनों हाथों लेता है और फुसफुसाता है)* क्योंकि मैं तुम्हारे बिना नहीं रह सकता। हर रोज़ तुम्हें मेरे पास होना चाहिए।

काया : *(भावुक होती हुई)* हे भगवान! हे भगवान!

सोलनेस : *(उसके बालों को चूमता है)* काया - काया!

काया : *(उसके सामने नीचे की ओर ढह जाती है)* ओह, आप मेरे लिए कितने अच्छे हैं! आप कितने ज़्यादा अच्छे हैं!

सोलनेस : *(हिंसक स्वर में)* उठ जाओ! भगवान के लिए उठ कर खड़ी हो जाओ! मुझे लगता है कोई आ रहा है!

(वह उठने में उसकी मदद करता है। वह लड़खड़ाते हुए डेस्क की ओर जाती है। दायीं ओर के दरवाज़े से श्रीमती सोलनेस प्रवेश करती हैं। वे दुबली और दुख से ध्वस्त हो गयी लगती हैं, लेकिन उनमें किसी ज़माने की सुन्दरता के अवशेष अब भी बचे हुए हैं। उनके घुँघराले बाल सुनहरी हैं। उनकी पोशाक, जो पूरी तरह काली है, सुरुचिपूर्ण है। वे धीरे-धीरे और शोकपूर्ण स्वर में बोलती हैं)

श्रीमती सोलनेस : *(दरवाज़े पर)* हल्वर्ड!

सोलनेस : *(मुड़ते हुए)* ओह, यह तुम हो, माइ डीयर -?

श्रीमती सोलनेस : *(काया की ओर नज़र दौड़ाते हुए)* मुझे लगता है कि मैं ग़लत वक्त पर आयी हूँ।

सोलनेस : बिलकुल नहीं। मिस फ़ोस्ली को छोटी-सी एक चिठ्ठी लिखना है।

श्रीमती सोलनेस : हाँ, वो तो मैं देख ही रही हूँ।

सोलनेस : तुम्हें क्या चाहिए था, आलीने?

श्रीमती सोलनेस : मैं सिर्फ़ यह कहना चाहती थी कि डॉ. हैर्दाल स्टडी में बैठे हैं। क्या तुम नहीं आओगे, हल्वर्ड?

सोलनेस : *(उन्हें शक से देखते हुए)* हम्म्। क्या डॉक्टर ख़ासतौर

पर मुझसे बात करना चाहता है?

श्रीमती सोलनेस : नहीं, ख़ासतौर पर तो नहीं। वे मुझसे मिलने आये थे। लेकिन वे तुम्हारा भी हाल जानना चाहते हैं।

सोलनेस : *(मन ही मन हँसते हुए)* ज़रूर ऐसा ही होगा। ठीक है, तो उनसे कहो कि ज़रा इन्तज़ार करें।

श्रीमती सोलनेस : तो तुम अभी आकर उनसे मिल लोगे?

सोलनेस : बस अभी आया डीयर। थोड़ी देर में।

श्रीमती सोलनेस : *(काया की ओर एक और नज़र दौड़ाते हुए)* अब, भूल नहीं जाना, हल्वर्ड। *(वे चली जाती हैं और अपने पीछे दरवाज़ा बन्द कर देती हैं)*

काया : *(धीमी आवाज़ में)* ओह डीयर, ओह डीयर - मुझे यकीन है कि श्रीमती सोलनेस मेरे बारे में कुछ बहुत ही बुरा सोचती हैं।

सोलनेस : ओह, बिलकुल भी नहीं। जो भी हो, उससे ज़्यादा नहीं जो आमतौर पर सोचा जाता है। लेकिन अब तुम्हें जाना चाहिए, काया।

काया : हाँ, हाँ, अब मुझे जाना चाहिए।

सोलनेस : *(सख़्ती से)* और यह दूसरा मुआमला मेरे लिए हल करवा दो। सुन रही हो?

काया : ओह, मेरे हाथ में होता, तो -

सोलनेस : मैं *कह* रहा हूँ कि इसे हल करवाना है। और कल के दिन ही!

काया : *(बहुत कष्ट में)* यदि यह किसी और तरह हल नहीं होता तो मैं उससे अपना रिश्ता तोड़ लूँगी।

सोलनेस : *(भड़क कर)* रिश्ता तोड़ लोगी! तुम्हारा दिमाग हिल गया है! तुम वाक़ई इस रिश्ते को तोड़ देना चाहती हो?

काया : *(हताशा में)* हाँ, मुझे यही करना चाहिए। क्योंकि मुझे यहीं पे -, यहीं पे आपके साथ रहना है। मैं आपसे दूर

नहीं जा सकती है। यह बिलकुल - बिलकुल नामुमकिन है!

सोलनेस : *(संयम खोते हुए)* क्या बकवास है! तुम बताओ रग्नार का क्या होगा? रग्नार ही वह आदमी है -

काया : *(डरी हुई नज़रों से उसे देखती है)* तो क्या यह रग्नार की ख़ातिर ही था कि आपने - आपने -?

सोलनेस : *(अपने आप को काबू में करते हुए)* ओह नहीं, बिलकुल भी नहीं! तुम्हें कुछ भी समझ नहीं आता। *(नर्म और शान्त स्वर में)* असल में तो मैं तुम्हें चाहता हूँ। सबसे पहले तुम्हें, काया। लेकिन यही वजह है कि तुम्हें रग्नार को नौकरी छोड़ने से रोकना होगा। ठीक है - तो अब घर जाओ।

काया : ठीक है। गुड नाइट।

सोलनेस : गुड नाइट। *(जैसे ही वह जाने को होती है)* ओह, ज़रा रुको! क्या रग्नार के नक़्शे वहाँ अन्दर हैं?

काया : हाँ, मैंने उसे उन्हें ले जाते हुए नहीं देखा।

सोलनेस : तब अन्दर जाकर उन्हें यहाँ ले आओ। शायद मुझे उन पर एक नज़र दौड़ा ही लेनी चाहिए।

काया : *(ख़ुशी से)* ओह हाँ, यह तो आपको कर ही लेना चाहिए!

सोलकेस : तुम्हारी ख़ातिर, काया डीयर। तो उन्हें एकदम मुझे दे दो।

(काया तेज़ी से नक़्शानवीस के दफ़्तर में जाती है, घबरायी हुई सी मेज़ की दराज़ में ढूँढती है, एक फ़ाइल उसे मिल जाती है, जिसे वह वापिस लाती है)

काया : ये रहे सारे नक़्शे।

सोलनेस : बहुत खूब। इन्हें वहाँ मेज़ पर रख दो।

काया : *(फ़ाइल को रखते हुए)* तो फिर गुड नाइट। *(विनती*

करते हुए) और मेरे बारे में अच्छी बातें सोचिएगा।

सोलनेस : ओह, वो तो मैं हमेशा ही सोचता हूँ। गुड नाइट, नन्ही प्यारी काया। *(दायीं ओर नज़र दौड़ाते हुए)* अब तुम जाओ!

(श्रीमती सोलनेस और डॉ. हैर्दाल दायीं ओर के दरवाज़े में से आते हैं। वे खुशमिज़ाज और गोल चेहरे वाले प्रौढ़ उम्र के स्थूलकाय व्यक्ति हैं। दाढ़ी नहीं है, बाल पतले और भूरे, और वे सुनहरी फ्रेम वाला चश्मा पहने हैं)

श्रीमती सोलनेस : *(अभी भी दरवाज़े के पास)* हल्वर्ड, मैं डॉक्टर को और ज़्यादा नहीं रोक सकती।

सोलनेस : ठीक है, तो फिर अन्दर आ जाइए।

श्रीमती सोलनेस : *(काया को, जो डेस्क के लैम्प को बुझा रही है)* चिठ्ठी ख़त्म कर ली क्या, मिस फ़ोस्ली?

काया : *(झेंपकर)* चिठ्ठी -?

सोलनेस : हाँ, वो छोटी-सी चिठ्ठी थी।

श्रीमती सोलनेस : बहुत ही छोटी रही होगी।

सोलनेस : तुम जा सकती हो, मिस फ़ोस्ली। और कल सुबह जल्दी आ जाना।

काया : हाँ, बिलकुल। गुड नाइट मिसेज़ सोलनेस। *(वह दरवाज़े में से हॉल में चली जाती है)*

श्रीमती सोलनेस : यह तुम्हारे लिए नियामत ही होगी हल्वर्ड, कि तुम्हें यह लड़की मिल गयी है।

सोलनेस : हाँ वाक़ई। वह कई तरह के काम कर लेती है।

श्रीमती सोलनेस : देखने में भी ऐसी ही लगती है।

डॉ. हैर्दाल : क्या वह हिसाब-किताब भी अच्छे से रख लेती है?

सोलनेस : पिछले दो साल से कुछ प्रेक्टिस उसे हो गयी है। और फिर स्वभाव की अच्छी है और कुछ भी करने को तैयार हो जाती है।

श्रीमती सोलनेस : हाँ, यह तो एक बहुत बड़ी नियामत होगी -

सोलनेस : वो तो है ही। ख़ासतौर पर जब आपको इसकी आदत न हो।

श्रीमती सोलनेस : (हल्का सा उलाहना देते हुए) क्या *तुम* ऐसा कह सकते हो, हल्वर्ड?

सोलनेस : नहीं, नहीं, माइ डीयर आलीने। मैं तुमसे माफ़ी माँगता हूँ।

श्रीमती सोलनेस : इसकी कोई ज़रूरत नहीं। तो, डॉक्टर, आप बाद में फिर आयेंगे और हमारे साथ डिनर लेंगे?

डॉ. हैर्दाल : जैसे ही उस मरीज़ को मैं देख लेता हूँ, आ जाऊँगा।

श्रीमती सोलनेस : शुक्रिया। *(वें दायीं ओर के दरवाज़े से बाहर चली जाती हैं)*

सोलनेस : आप जल्दी में हैं, डॉक्टर?

डॉ. हैर्दाल : नहीं, बिलकुल भी नहीं।

सोलनेस : मैं थोड़ी देर आपसे कुछ बात कर सकता हूँ?

डॉ. हैर्दाल : हाँ, बेशक।

सोलनेस : तो आइये बैठते हैं। *(वह डॉक्टर को झूलने वाली कुर्सी पर बैठने को कहता है और खुद आरामकुर्सी पर बैठ जाता है। और उनकी ओर खोजपूर्ण नज़रों से देखता है)* यह बताइए, - आपको आलीने में कुछ ख़ास चीज़ नजर आयी?

डॉ. हैर्दाल : आपका मतलब है, अभी, जब वे यहाँ थीं।

सोलनेस : हाँ। मेरे प्रति उनके रवय्ये में। क्या आपको कुछ नज़र आया?

डॉ. हैर्दाल : *(मुस्कराते हुए)* ऐसा है कि खुदा की इनायत से यह तो नज़र आ ही रहा था कि आपकी पत्नी, - हम्म् -।

सोलनेस : हाँ?

डॉ. हैर्दाल : कि आपकी पत्नी इस मिस फ़ोस्ली को बहुत पसन्द नहीं करतीं।

सोलनेस : और कुछ भी नहीं? यह तो मैंने भी देखा है।

डॉ. हैर्दाल : और यह कोई बहुत हैरानी की बात नहीं है।

सोलनेस : क्या नहीं है?

डॉ. हैर्दाल : कि उन्हें यह बिलकुल भी पसन्द नहीं कि एक दूसरी औरत सारा दिन यहाँ आपके साथ हो।

सोलनेस : नहीं, नहीं, शायद आप बिलकुल सही हैं। और आलीने भी। लेकिन यह मुआमला - इसके बारे में और कुछ किया भी नहीं जा सकता।

डॉ. हैर्दाल : आप एक क्लर्क नहीं रख सकते?

सोलनेस : यानी जो भी चला आये उसे रख लूँ? नहीं, शुक्रिया। यह मेरे लिए ज़रा भी मुनासिब नहीं होगा।

डॉ. हैर्दाल : लेकिन यदि आपकी पत्नी - ? जितनी बीमार वे हैं -। यदि वे इसे देखना सहन नहीं कर सकतीं?

सोलनेस : जो भी हो, उसे सहन तो करना ही होगा - मैं लगभग कहे देता हूँ। मुझे काया फ़ोस्ली को रखना ही होगा। और किसी के साथ भी नहीं चल सकता।

डॉ. हैर्दाल : और किसी के भी साथ नहीं?

सोलनेस : *(झट से)* नहीं, और किसी के भी साथ नहीं।

डॉ. हैर्दाल : *(अपनी कुर्सी नज़दीक खींचते हुए)* अब, सुनिए माइ डीयर मिस्टर सोलनेस। क्या मैं आपको राज़ के तौर पर एक सवाल पूछ सकता हूँ?

सोलनेस : हाँ, पूछिए।

डॉ. हैर्दाल : देखिए औरतों की, कुछ मामलों - में बहुत पैनी नज़र होती है।

सोलनेस : यह तो है। यह बिलकुल सही है लेकिन?

डॉ. हैर्दाल : अब, सुनिए। आपकी पत्नी यदि इस काया फ़ोस्ली को किसी भी कीमत पर सहन नहीं कर सकतीं -?

सोलनेस : हाँ, तो फिर क्या?

डा. हैर्दाल : तो फिर इस नापसन्दगी की कोई बुनियाद नहीं है?

सोलनेस : *(उनकी ओर देखता है ओर उठ खड़ा होता है)* आह!

डॉ. हैर्दाल : मुझे ग़लत मत समझिए। लेकिन क्या ऐसा नहीं है?

सोलनेस : *(तेज़ और निश्चित स्वर में)* नहीं।

डॉ. हैर्दाल : ज़रा भी नहीं?

सोलनेस : शक के अलावा और कोई बुनियाद नहीं।

डा. हैर्दाल : मैं जानता हूँ कि कई औरतों से आपकी पहचान रही है।

सोलनेस : यह सही है।

डॉ. हैर्दाल : और उनमें से कुछ आपको पसन्द भी थीं।

सोलनेस : ओह हाँ, यह भी।

डॉ. हैर्दाल : लेकिन मिस फ़ोस्ली के साथ इस मुआमले में - ? वैसा कुछ भी नहीं?

सोलनेस : नहीं ज़रा भी नहीं, मेरी तरफ़ से।

डॉ. हैर्दाल : लेकिन उसकी तरफ़ से?

सोलनेस : मुझे नहीं लगता है कि यह सवाल आपको पूछना चाहिए, डॉक्टर।

डॉ. हैर्दाल : यह आपकी पत्नी की पैनी नज़र का सवाल था जहाँ से हमारी बात शुरू हुई।

सोलनेस : वो तो था, हाँ। और जहाँ तक इसका सवाल है - । *(अपनी आवाज़ को धीमा करते हुए)* जिसे आप आलीने की पैनी नज़र कह रहे हैं - कुछ हद तक तो वह पहले ही साबित हो चुकी है।

डॉ. हैर्दाल : देखा! यही तो मैं कह रहा था!

सोलनेस : *(बैठते हुए)* डॉ. हैर्दाल, - मैं आपको एक अजीब किस्म की कहानी सुनाने जा रहा हूँ। यदि आप इसे सुनना चाहें।

डॉ. हैर्दाल : मुझ अजीब किस्म की कहानियाँ सुनना अच्छा लगता है।

सोलनेस : ठीक है, तब। मेरा ख़याल है आपको याद होगा कि मैंने क्नुत ब्रोविक और उसके बेटे को अपने यहाँ नौकरी पर रख लिया था - उस वक्त जब बूढ़े का सारा धन्धा चौपट हो गया था।

डॉ. हैर्दाल : हाँ, मुझे इसके बारे में थोड़ा बहुत याद है।

सोलनेस : क्योंकि देखिए वे दोनों वाक़ई होशियार किस्म के लोग हैं। अपने-अपने ढंग से दोनों काबिल हैं। लेकिन फिर बेटे ने सगाई करने का फ़ैसला कर लिया। और तब, मुनासिब ही है, कि वह शादी करना चाहता था - और, एक बिल्डर के तौर पर, अपने पैरों पर खड़ा होना। वे सब इसी तरह सोचते हैं, ये नौजवान लोग।

डॉ. हैर्दाल : *(हँसते हुए)* हाँ, कितनी बोरियत-भरी आदत होती है उनमें कि वे जल्दी-से-जल्दी शादी करना चाहते हैं।

सोलनेस : हाँ, लेकिन यह मेरे लिए मुनासिब नहीं था। क्योंकि मुझे खुद रन्गनार की ज़रूरत थी। और बूढ़े की भी। उसमें दबावों और घनफलों - और इन सब चीज़ों का हिसाब लगाने की अनोखे ढंग की क़ाबलियत है।

डॉ. हैर्दाल : हाँ, यह सब तो मेरे ख़याल में, नौकरी में करना ही पड़ता है।

सोलनेस : बिलकुल सही। लेकिन रन्गनार, - वह अपना धन्धा शुरू करना चाहता था। और उससे बहस करना मुश्किल था।

डॉ. हैर्दाल : तब भी वह आपके यहाँ ही रुका रहा।

सोलनेस : हाँ, अब मैं आपको बताता हूँ। एक दिन यह काया फ़ोस्ली किसी काम से उससे मिलने आयी। उससे पहले वह कभी यहाँ नहीं आयी थी। मैंने देखा वो दोनों कैसे एक-दूसरे पर फ़िदा थे, और मुझे सूझा यदि मैं उसे इस दफ़्तर में ले आऊँ तो शायद रन्गनार भी रुका रहेगा।

डॉ. हैर्दाल : यह काफ़ी जायज़ किस्म का ख़याल था।

सोलनेस : हाँ, लेकिन इस ख़याल को मैंने अपने मन में ही रखा, इसके बारे में एक शब्द भी नहीं कहा। वहाँ खड़ा मैं उसको देखता रहा - तहे-दिल से चाहता हुआ कि वह यहाँ चली आये। फिर मैंने दोस्ताना ढंग से उससे बातचीत की, - इधर-उधर की चीज़ों के बारे में। और फिर वह चली गयी।

डॉ. हैर्दाल : और, उसके बाद?

सोलनेस : लेकिन अगले दिन, जब शाम ढल चुकी थी, और ब्रोविक और रन्गनार अपने घर चले गए थे, वह एक बार फिर यहाँ आयी और इस तरह से पेश आने लगी जैसे कि मेरी उसके साथ कोई रज़ामन्दी हो गयी हो।

डॉ. हैर्दाल : रज़ामन्दी? किस चीज़ के बारे में?

सोलनेस : उसी चीज़ के बारे में जो मेरे मन में थी जबकि मैंने उसके बारे में एक शब्द भी नहीं कहा था।

डॉ. हैर्दाल : यह तो काफ़ी अजीब बात थी।

सोलनेस : हाँ, नहीं थी क्या? और अब वह जानना चाहती थी कि उसे यहाँ क्या काम करना था। उसे एक दम शुरू कर देना चाहिए, या अगले दिन। वगैरह,वगैरह।

डॉ. हैर्दाल : आपको नहीं लगा कि वह यहाँ इसलिए आयी थी ताकि वह अपने मंगेतर के साथ रह सके?

सोलनेस : शुरू में मुझे भी ऐसा ही लगा था। लेकिन नहीं, ऐसा नहीं था। उसी वक्त से वह उससे दूर होना शुरू हो गयी - मेरे यहाँ आते ही।

डॉ. हैर्दाल : यानी, वह आपके पास आ गयी?

सोलनेस : हाँ। बिलकुल। मैंने देखा कि उसे इस बात का आभास हो जाता है कि मैं पीछे से उसकी ओर देख रहा हूँ। जब मैं उसके पास आता हूँ तो वह काँपने लगती है, उसे झुरझुरी होने लगती। इसके बारे में आपका क्या विचार है?

डॉ. हैर्दाल : हम्म् - इसकी वजह तो बतायी जा सकती है।

सोलनेस : लेकिन, उस दूसरी चीज़ के बारे में आप क्या कहते हैं? यानी उसने सोचा कि वो सब मैंने उसे कह दिया था जिसकी सिर्फ़ मेरे मन में ख़्वाहिश थी। जो मैं सिर्फ़ अपने मन में सोच रहा था। उसके बारे में आपका क्या कहना है? ऐसी किसी भी चीज़ की वजह आप बता सकते हैं, डॉ. हैर्दाल?

डॉ. हैर्दाल : नहीं, यह गुत्थी मैं नहीं सुलझा सकता।

सोलनेस : शुरू में मैंने भी यही सोचा था। और इसीलिए मैंने इसके बारे में कभी बात नहीं करना चाही। लेकिन आने वाले समय में यह चीज़ मेरे लिए एक बला बनने वाली है, एक श्राप, आप समझ रहे हैं? हर रोज़ मुझे यह दिखाना पड़ता है कि मैं - । और यह उस बेचारी लड़की के साथ अच्छा सुलूक नहीं है। *(आवेग में)* लेकिन मैं और कुछ भी नहीं कर सकता! क्योंकि यदि वह चली जाती है - तो रन्गनार भी चला जायेगा।

डॉ. हैर्दाल : और आपने यह सब अपनी पत्नी को नहीं बताया?

सोलनेस : नहीं।

डॉ. हैर्दाल : लेकिन आप बता क्यों नहीं देते?

सोलनेस : *(टकटकी लगाकर उनकी ओर देखता है और धीमे स्वर में कहता है)* क्योंकि मुझे लगता है - कि अगर आलीने यह बेइन्साफ़ी मेरे साथ करती रहे तो इसके ज़रिये एक ऐसी यातना अपने आप को मैं देता रहूँगा जो मेरे लिए अच्छी है।

डॉ. हैर्दाल : *(सिर हिलाते हुए)* आपकी इस बात का एक शब्द भी मैं समझ नहीं पा रहा।

सोलनेस : क्योंकि देखिए - यह कुछ ऐसा होगा कि जैसे एक़ अन्तहीन और अपार ऋण का, एक छोटा सा हिस्सा मैंने चुका दिया है -

डॉ. हैर्दाल : अपनी पत्नी को?

सोलनेस : हाँ। और इससे मन को कुछ शान्ति मिलती है आप कुछ देर ज्यादा चैन से साँस ले सकते हैं, आप समझ रहे हैं?

डॉ. हैर्दाल : नहीं, मैं एक शब्द भी समझ नहीं पा रहा -

सोलनेस : *(अपनी बात रोक देता है और उठ खड़ा होता है)* तो, चलिए, हम इसके बारे में अब और बात नहीं करेंगे। *(वह कमरे के दूसरी तरफ़ जाता है, वापिस लौटता है, और मेज़ के पास खड़ा हो जाता है। वह डॉक्टर की ओर काइयाँ मुस्कान से देखता है)* मेरा ख़याल है कि आप सोच रहे हैं, डॉक्टर, कि अब आपने मेरा मुँह खुलवा लिया है?

डॉ. हैर्दाल : *(जरा तल्ख़ी से)* मुँह खुलवा लिया है? मैं ज़रा भी समझ नहीं पा रहा, मिस्टर सोलनेस।

सोलनेस : ओह, आप सीधे-सीधे क्यों नहीं कह देते! क्योंकि मैंने इसे साफ़तौर पर देख लिया है!

डॉ. हैर्दाल : *क्या* देख लिया है आपने?

सोलनेस : *(धीमे स्वर में और धीरे-धीरे)* कि आप चुपचाप मेरे ऊपर नज़र रखे हुए हैं।

डॉ. हैर्दाल : मैं? मैं ऐसा क्यों करूँगा?

सोलनेस : क्योंकि आप सोचते हैं कि मैं - *(भड़कते हुए)* लानत है इस सब पर! आप भी मेरे बारे में वही सोचते हैं जो आलीने सोचती है।

डॉ. हैर्दाल : और वे क्या सोचती हैं आपके बारे में?

सोलनेस : *(अपने आप को एक बार वश में करते हुए)* वह यह सोचने लगी है - कि जैसे - मैं बीमार हूँ।

डॉ. हैर्दाल : बीमार! आप! उन्होंने मुझे इसके बारे में एक शब्द भी नहीं कहा। आपको हो क्या गया है, माइ डीयर फ़ेलो?

सोलनेस : *(कुर्सी के ऊपर पीछे से झुककर फुसफुसाते हुए)* आलीने

ने यह तय कर लिया है कि मैं पागल हूँ। वह यही सोचती है।

डॉ. हैर्दाल : *(उठते हुए)* लेकिन, भला हो आपका, माइ डीयर, मिस्टर सोलनेस - !

सोलनेस : हाँ, मैं कसम खाकर कह सकता हूँ! वह इसी तरह सोचती है। और उसके कहने पर आपने भी ऐसा मान लिया है! ओह, मैं आपको यकीन दिलाता हूँ, डॉक्टर - मैं इसे आपके चेहरे पर देख सकता हूँ। मैं आपको बता दूँ कि मुझे इतनी आसानी से नहीं पकड़ा जा सकता।

डॉ. हैर्दाल : *(हैरानी से उसे देखते हुए)* एक बार भी नहीं, मिस्टर सोलनेस - एक बार भी इस तरह का विचार मेरे मन में नहीं आया।

सोलनेस : *(संशयपूर्ण ढंग से मुस्कराते हुए)* क्या ऐसा है? नहीं न?

डॉ. हैर्दाल : नहीं, कभी नहीं! आपकी पत्नी के मन में भी नहीं, मुझे यकीन हैं मैं भी कसम खाकर कह सकता हूँ।

सोलनेस : जो भी हो, लेकिन कसम मत खाइए। क्योंकि एक तरह से हो सकता है उसके पास ऐसा सोचने के लिए कुछ बुनियाद हो।

डॉ. हैर्दाल : अरे! अब यह तो कुछ ज़्यादा ही - !

सोलनेस : *(अपना हाथ फैलाकर उन्हें टोकते हुए)* तो ठीक है, माइ डीयर डॉक्टर, - अब हम इस बात में इससे ज़्यादा नहीं जायेंगे। हम दोनों के लिए अच्छा यही है कि हम अपना-अपना मत बनाये रखें! *(विनोदी किन्तु शान्त स्वर अपनाते हुए)* लेकिन ज़रा सुनिए तो, डॉक्टर - हम्म् - ।

डॉ. हैर्दाल : हाँ?

सोलनेस : यदि आपको, इस वक्त, ऐसा नहीं लग रहा कि मैं किसी तरह - बीमार हूँ - या सिरफिरा - या पागल या ऐसी ही कोई और चीज़ -

डॉ. हैर्दाल : आपका क्या मतलब है?

सोलनेस : तब मैं यह मानकर चलता हूँ कि आप सोचते हैं कि मैं बहुत सुखी इनसान हूँ?

डॉ. हैर्दाल : क्या यह केवल सोचना ही होगा?

सोलनेस : *(हँसते हुए)* नहीं, नहीं, - बिलकुल भी नहीं! भगवान बचाये! लेकिन सोचिए - मास्टर बिल्डर सोलनेस होना! हल्वर्ड सोलनेस! इससे बेहतर और क्या हो सकता है!

डॉ. हैर्दाल : हाँ यह तो मुझे लगता ही है कि किस्मत ने हैरानी की हद तक आपका साथ दिया है।

सोलनेस : *(एक उदास मुस्कान छिपाते हुए)* सो तो है। इसके बारे में मैं ज़रा भी शिकायत नहीं कर सकता।

डॉ. हैर्दाल : आपके लिए सबसे पहले लुटेरों का वह पुराना, भद्दा क़िला जल कर राख़ हो गया। वह तो जैसे आपकी क़िस्मत ही खुल गयी।

सोलनेस : *(गम्भीरता में)* यह आलीने का पारिवारिक घर था जो जल गया। यह मत भूलिए।

डॉ. हैर्दाल : हाँ, उनके लिए तो यह भयंकर दुख का कारण रहा होगा।

सोलनेस : वह आज तक उससे उबर नहीं पायी इन बारह या तेरह सालों के बाद भी।

डॉ. हैर्दाल : जो उसके बाद हुआ उन्हें सबसे ज़्यादा चोट उसी ने पहुँचायी होगी।

सोलनेस : दोनों चीज़ों ने मिलकर।

डॉ. हैर्दाल : लेकिन इस तबाही की बदौलत हुज़ूर आप अपने पैरों पर खड़े हो गये। शुरू में आप गाँव के एक ग़रीब लड़के थे और अब देखिए। अब आप अपने धन्धे में सबसे आगे है। हाँ मिस्टर सोलनेस, किस्मत ने आपका बहुत ज़्यादा साथ दिया है।

सोलनेस : *(झेंपकर उनकी ओर देखता है)* हाँ लेकिन यही वो चीज़ है जो मुझे इतने भयानक ढंग से डराती है।

डॉ. हैर्दाल : डराती है? क्योंकि किस्मत आपके साथ है?

सोलनेस : यह चीज़ मुझे बहुत डराती है - हर वक्त बहुत डराती है -। क्योंकि, देखिए किसी दिन यह किस्मत मेरा साथ छोड़ देगी।

डॉ. हैर्दाल : ओह, बकवास! वह किस वजह से आपका साथ छोड़ देगी?

सोलनेस : *(दृढ़ विश्वास के स्वर में)* नौजवान पीढ़ी की वजह से।

डॉ. हैर्दाल : अरे छोड़िए! नौजवान पीढ़ी! आप ख़ुद भी अभी कोई गयी-बीती चीज़ नहीं हो गये, मुझे उम्मीद है! ओह, नहीं, मुझे तो लगता है अब आपकी जड़ें पहले से कहीं ज्यादा मज़बूत हैं।

सोलनेस : किस्मत बदल जायेगी। ऐसा मुझे लग रहा है। मैं उस दिन को नज़दीक आते हुए महसूस कर सकता हूँ। उनमें से कोई न कोई यह कहना शुरू कर देगा - मेरे लिए जगह छोड़ दो! और फिर बाकी सब एक तूफ़ान की तरह आयेंगे, धमकी देंगे और चिल्लायेंगे - जगह छोड़ दो! जगह छोड़ दो! जगह छोड़ दो! हाँ, विश्वास कीजिए, डॉक्टर। किसी दिन नौजवान पीढ़ी आकर मेरे दरवाज़े को खटखटायेगी -

डॉ. हैर्दाल : *(हँसते हुए)* तब फिर, क्या हो जायेगा?

सोलनेस : क्या हो जायेगा? अरे, तब मास्टर बिल्डर सोलनेस का किस्सा ख़त्म। *(बायीं ओर के दरवाज़े को कोई खटखटाता है। वह चौंक जाता है)* यह क्या है? आपने कुछ सुना?

डॉ. हैर्दाल : कोई दरवाज़ा खटखटा रहा है।

सोलनेस : *(ऊँचे स्वर में)* आ जाइए!

(हॉल के दरवाज़े से हिल्दे वांगेल प्रवेश करती है। वह मँझले कद की है, चुस्त-दुरुस्त, और पतली काठी की।

धूप ने उसका रंग ज़रा साँवला कर दिया है। वह पैदल यात्रा के लिए छोटा स्कर्ट, नाविकों वाला खुला गलपट्ट और नाविकों वाली ही छोटी हैट पहने है। उसकी पीठ पर रकसैक, स्ट्रैप में बँधा हुआ पर्वतारोहण हेतु एक लम्बा-सा पट्टू, और एक लम्बी बल्लम)

हिल्दे वांगेल : *(प्रसन्न, चमकती हुई आँखों से सोलनेस की ओर आती है)* गुड ईवनिंग!

सोलनेस : *(अनिश्चय से उसकी ओर देखते हुए)* गुड ईवनिंग -

हिल्दे : *(हँसते हुए)* मुझे नहीं लगता कि आप मुझे पहचान पाये हैं।

सोलनेस : नहीं, मुझे कहना होगा - अभी तो नहीं -

डॉ. हैर्दाल : *(उसकी ओर जाते हुए)* लेकिन मैं तुम्हें पहचानता हूँ, यंग लेडी -

हिल्दे : *(खुश होकर)* अरे, तो यह आप हैं - !

डॉ. हैर्दाल : हाँ, बिलकुल मैं ही हूँ। *(सोलनेस से)* हम इन गर्मियों में एक हिल-स्टेशन पर मिले थे! *(हिल्दे से)* बाक़ी महिलाओं का क्या हुआ?

हिल्दे : ओह वे पश्चिम को चली गयीं।

डॉ. हैर्दाल : उन्हें शाम को हमारा हो-हल्ला पसन्द नहीं आया था।

हिल्दे : मेरा ख़याल है कि नहीं।

डॉ. हैर्दाल : *(अपनी उँगली उसकी ओर हिलाते हुए)* और हमें यह भी मानना होगा कि तुमने हम लोगों के साथ कुछ-कुछ फ़्लर्ट किया था।

हिल्दे : उन बूढ़ी औरतों के साथ बैठकर मोज़े बुनने के मुकाबले यह ज़्यादा मनोरंजक था।

डॉ. हैर्दाल : *(हँसते हुए)* इस बात पर तो मैं तुमसे बिलकुल सहमत हूँ!

सोलनेस : क्या तुम आज ही शाम यहाँ पहुँची हो?

हिल्दे : हाँ, बस अभी पहुँची ही हूँ ।

डॉ. हैर्दाल : बिलकुल अकेली, मिस वांगेल?

हिल्दे : ओह, हाँ!

सोलनेस : वांगेल? क्या तुम्हारा नाम वांगेल है?

हिल्दे : *(उसे हैरानी और विनोद के मिश्रित भाव से देखती है)* हाँ, वो तो है ही।

सोलनेस : तब तुम ज़रूर लाइसांगर के लोकल डॉक्टर की बेटी हो?

हिल्दे : *(पहले की तरह ही)* हाँ, और किसकी बेटी होना चाहिए मुझे?

सोलनेस : ओह, तब वहाँ ऊपर हम मिले हैं। उन गर्मियों में जब मैं वहाँ पुराने गिरजाघर की मीनार बना रहा था।

हिल्दे : *(ज़्यादा गम्भीरता से)* हाँ, यह उसी वक्त की बात है।

सोलनेस : लेकिन वह तो बहुत पहले की बात है।

हिल्दे : *(एकटक उसे देखती है)* यह पूरे दस साल पहले की बात है।

सोलनेस : और, मेरा ख़याल है, उस वक्त तुम बहुत छोटी रही होगी।

हिल्दे : *(लापरवाही से)* बारह या तेरह साल की।

डॉ. हैर्दाल : क्या तुम *यहाँ* शहर में पहली बार आयी हो, मिस वांगेल?

हिल्दे : हाँ, यह सही है।

सोलनेस : और मेरे ख़याल में तुम यहाँ किसी को भी नहीं जानतीं?

हिल्दे : आपके अलावा और किसी को भी नहीं। और हाँ आपकी पत्नी के।

सोलनेस : तो तुम उन्हें भी जानती हो?

हिल्दे : बहुत कम। हम दोनों ने एक पहाड़ी चश्मे पर कुछ दिन बिताये थे।

सोलनेस : ओह, *वहाँ* ऊपर।

हिल्दे : उन्होंने कहा था कि अगर मैं शहर में आती हूँ तो उनसे मिल सकती हूँ। *(मुस्कराते हुए)* हालाँकि उन्हें ऐसा कहने की कोई ज़रूरत नहीं थी।

सोलनेस : अजीब है कि उन्होंने इसके बारे में कभी एक शब्द भी नहीं कहा।

(हिल्दे अपनी बल्लम स्टोव के पास रख देती है, अपना रकसैक उतारती है, तथा उसे और पट्टू को सोफ़े पर रख देती है। डॉ. हैर्दाल उसकी मदद करने की कोशिश करते हैं। सोलनेस खड़ा हुआ उसे देख रहा है)

हिल्दे : *(उसके पास जाकर)* तो अब मैं यह पूछने वाली हूँ कि क्या मैं आज की रात यहाँ रुक सकती हूँ?

सोलनेस : मुझे यकीन है इसका बन्दोबस्त किया जा सकता है।

हिल्दे : क्योंकि मेरे पास और कोई भी कपड़े नहीं हैं, जो मैंने पहने हैं उनके अलावा। नीचे पहनने वाले दो-एक कपड़े भी हैं। लेकिन उन्हें धोना होगा। वे बहुत गन्दे हैं।

सोलनेस : ठीक है, यह सब हो जायेगा। अब, मैं अपनी पत्नी को बताता हूँ -

हिल्दे : हाँ ' ओर उसके बाद यहाँ लौट आइए।

सोलनेस : *(उल्लास में)*, हिल्दे की ओर नज़र दौड़ाते हुए हाँ, वो तो मैं लौटूँगा ही।

डॉ. हैर्दाल : *(हँसते हुए)* आख़िरकार आपने बिलकुल सही भविष्यवाणी की थी, मिस्टर सोलनेस!

सोलनेस : कैसे?

डॉ. हैर्दाल : नौजवान पीढ़ी *आ* ही पहुँची और उसने आपका दरवाज़ा खटखटा दिया।

सोलनेस : *(हर्ष से)* हाँ, लेकिन मेरा मतलब कुछ और ही था।

डॉ. हैर्दाल : सो तो था ही। इसमें कोई शक नहीं। *(वे दरवाज़े में से*

हाल में चले जाते हैं। सोलनेस दायीं ओर का दरवाज़ा खोलता है और बगल वाले कमरें में आवाज़ लगाता है)

सोलनेस : आलीने! क्या तुम यहाँ आ सकती हो? कोई मिस वांगेल आयी हैं जिन्हें तुम जानती हो।

श्रीमती सोलनेस : *(दरवाज़े में आती हुई)* कौन आया है? *(हिल्दे को देखती है)* ओह, तो यह तुम हो, मिस वांगेल? *(नज़दीक आकर अपना हाथ बढ़ाते हुए)* तो आख़िर तुम आ ही गयीं शहर।

सोलनेस : मिस वांगेल अभी-अभी आयी हैं। और वे पूछ रही हैं कि क्या वे रात के लिए यहाँ रुक सकती हैं।

श्रीमती सोलनेस : हमारे यहाँ? बेशक।

सोलनेस : ताकि वे अपने कपड़ों को थोड़ा ठीक-ठाक कर लें।

श्रीमती सोलनेस : मैं तुम्हारे लिए जो कुछ भी कर सकती हूँ करूँगी। वो तो मेरा फर्ज़ ही है। मेरा ख़याल है तुम्हारा सामान बाद में आयेगा?

हिल्दे : मेरे पास सामान नहीं है।

श्रीमती सोलनेस : चलो, जैसा भी है, ठीक है। लेकिन अब थोड़ी देर तुम मेरे पति के साथ रुको। और मैं एक कमरा तुम्हारे लिए तैयार किये देती हूँ।

सोलनेस : हम इन्हें बच्चों के किसी कमरे में भी तो सुला सकते हैं? तैयार तो वे लगभग हो ही गये हैं।

श्रीमती सोलनेस : ओह हाँ। *वहाँ* तो काफ़ी जगह है। *(हिल्दे से)* थोड़ी देर बैठ जाओ और आराम कर लो।

(वे दायीं ओर चली जाती हैं। हिल्दे, अपने हाथों को कमर के पीछे बाँधे, कमरे में इधर-उधर घूमती है और कभी एक चीज़ को देखती है और कभी दूसरी को। सोलनेस भी अपने हाथों को कमर के पीछे रखे मेज़ के पास खड़ा है, और उसे घूमते हुए देख रहा है)

हिल्दे : *(रुककर उसे देखते हुए)* क्या आपके यहाँ बच्चों के कई कमरे हैं?

सोलनेस : घर में इस वक्त तीन कमरे हैं बच्चों के।

हिल्दे : ये तो बहुत हैं। तो मेरे ख़याल में आपके कई बच्चे हैं?

सोलनेस : नहीं। हमारे बच्चे नहीं हैं। लेकिन अब फ़िलहाल तुम हमारा बच्चा बनकर रह सकती हो।

हिल्दे : आज रात के लिए, हाँ। मैं रोऊँगी नहीं। मैं घोड़े बेच कर सो जाने वाली हूँ।

सोलनेस : हाँ मेरा ख़याल है, तुम बहुत थक गयी होगी।

हिल्दे : ओह, नहीं! लेकिन फिर भी -। लेटकर सपने लेने का अपना ही मज़ा है।

सोलनेस : क्या तुम्हें रात में काफ़ी सपने आते हैं?

हिल्दे : ओह, हाँ? लगभग हमेशा।

सोलनेस : तुम्हें आमतौर पर किस चीज़ के सपने आते हैं?

हिल्दे : वह मैं आपको आज नहीं बताऊँगी। किसी और दिन - शायद। *(वह एक बार फिर कमरे में घूमने लगती है, डेस्क के पास रुकती है, और कुछ किताबों और काग़ज़ों को उलट-पलट करती है)*

सोलनेस : *(उसके पास जाता है)* क्या तुम कुछ ख़ास चीज़ ढूँढ रही हो?

हिल्दे : नहीं, मैं इन सब चीज़ों को देख रही हूँ। *(मुड़ते हुए)* शायद मुझे नहीं देखना चाहिए?

सोलनेस : नहीं देख लो।

हिल्दे : उस बड़े बही-खाते में क्या आप लिखते हैं?

सोलनेस : नहीं, वो मेरी अकाँउटेंट का है।

हिल्दे : कोई औरत?

सोलनेस : *(मुस्कराते हुए)* हाँ, बिलकुल।

हिल्दे : वह इसी दफ़्तर में नौकरी करती है?

सोलनेस : हाँ।

हिल्दे : क्या वह शादी-शुदा है?

सोलनेस : नहीं, अभी उसकी शादी नहीं हुई।

हिल्दे : ओह, वाक़ई।

सोलनेस : लेकिन मेरा ख़याल है कि वह जल्दी ही शादी करने वाली है।

हिल्दे : चलिए, *उसके* लिए अच्छा है।

सोलनेस : लेकिन मेरे लिए इतना अच्छा नहीं। क्योंकि तब मेरी मदद के लिए कोई नहीं होगा।

हिल्दे : क्या आपको कोई और नहीं मिल सकता जो उतना ही अच्छा हो?

सोलनेस : शायद तुम यहाँ रुक सकती हो - और हिसाब-किताब रख सकती हो?

हिल्दे : *(अपनी आँखों से उसे तौलते हुए)* हाँ, आप तो ऐसा सोच ही सकते हैं! नहीं शुक्रिया - मैं ऐसी कोई भी चीज़ करने नहीं जा रही। *(वह एक बार फिर कमरे में टहलती है और झूलने वाली कुर्सी पर बैठ जाती है। सोलनेस भी मेज़ के पास चला जाता है। हिल्दे अपनी बात जारी रखती है)* क्योंकि यहाँ उसके अलावा भी कई चीज़ें करने के लिए होगी। *(उसे मुस्कराते हुए देखती है)* क्या आपको भी ऐसा नहीं लगता?

सोलनेस : यह बिलकुल सही है। मेरा ख़याल है सबसे पहले तुम्हें बाज़ार जाकर अपना हुलिया सुधार लेना चाहिए।

हिल्दे : *(खुशमिजाज़ी में)* नहीं, मुझे लगता है यह सब तो मैं नहीं ही करूँगी!

सोलनेस : वाक़ई?

हिल्दे : हाँ, मैं अपना सारा पैसा खर्च कर चुकी हूँ।

सोलनेस : *(हँसते हुए)* यानी न सामान और न पैसा!

हिल्दे : दोनों की एक चिन्दी भी नहीं! लेकिन भाड़ में जाये यह सब - अब इसका कोई मतलब नहीं।

सोलनेस : *ऐसा* कहती हुई तुम मुझे अच्छी लग रही हो!

हिल्दे : केवल इसी वजह से?

सोलनेस : इस वजह से और कई और वजहों से भी। *(आरामकुर्सी में बैठते हुए)* तुम्हारे पिता अभी ज़िन्दा हैं?

हिल्दे : हाँ। पिताजी ज़िन्दा हैं।

सोलनेस : और अब शायद तुम यहाँ पढ़ने की सोच रही हो?

हिल्दे : नहीं, ये तो मुझे सूझा ही नहीं।

सोलनेस : लेकिन मेरा ख़याल है तुम कुछ देर तो यहाँ रुकोगी ही?

हिल्दे : देखते हैं चीज़ें क्या शक्ल लेती हैं। *(वह थोड़ी देर बैठी उसकी ओर देखती हे, कुछ गम्भीरता से। और कुछ अपनी हँसी रोकते हुए। फिर अपनी हैट उतारती है और अपने सामने मेज़ पर रख देती है)* मिस्टर सोलनेस?

सोलनेस : हाँ?

हिल्दे : क्या आप बहुत भुलक्कड़ किस्म के व्यक्ति हैं?

सोलनेस : भुलक्कड़? नहीं तो, जहाँ तक मुझे मालूम है।

हिल्दे : लेकिन क्या आप मुझसे उसके बारे में ज़रा भी बात नहीं करेंगे जो ऊपर वहाँ हुआ था?

सोलनेस : *(एक क्षण के लिए हैरान होते हुए)* वहाँ लाइसाँगर में? *(हल्के-फुल्के अन्दाज़ में)* मुझे नहीं लगता कि उसमें बात करने लायक ज़्यादा कुछ है।

हिल्दे : *(उसे झिड़की के अन्दाज़ में देखते हुए)* आप ऐसी बात कैसे कह सकते हैं?

सोलनेस : तो फिर तुम *मुझसे* बात करो उसके बारे में।

हिल्दे : मीनार ख़त्म होने के बाद हमने बहुत बड़ा जश्न मनाया था शहर में।

सोलनेस : हाँ, मैं वह दिन आसानी से नहीं भूलूँगा।

हिल्दे : *(मुस्कराते हुए)* नहीं भूलेंगे? आपसे यह सुनना अच्छा लग रहा है!

सोलनेस : अच्छा लग रहा है?

हिल्दे : गिरजाघर के अहाते में संगीत बज रहा था। और वहाँ सैंकड़ों लोग थे। हम स्कूल की लड़कियों ने सफ़ेद कपड़े पहने थे। और हमारे हाथों में झण्डियाँ थीं।

सोलनेस : ओह हाँ, वो झण्डियाँ - वो मुझे अच्छी तरह याद हैं!

हिल्दे : और फिर आप मचान पर चढ़ गये थे। बिलकुल ऊपर तक। और आपके हाथ में एक बहुत बड़ी फूलमाला थी। और आपने उस माला को वैदरकॉक पर लटका दिया।

सोलनेस : *(अचानक उसकी बात काटते हुए)* उन दिनों मैं ऐसा किया करता था। यह एक पुराना रिवाज़ था।

हिल्दे : वो कितना रोमांचक था नीचे खड़े हुए आपकी ओर ऊपर देखना। मान लो कि वे सन्तुलन खो बैठें! वे *खुद* - मास्टर बिल्डर!

सोलनेस : *(बात बदलने के अन्दाज़ में)* हाँ, हाँ, हाँ, बहुत मुमकिन है कि ऐसा हो गया होता। क्योंकि सफ़ेद कपड़ों में उन नन्हें शैतानों में से एक - वह मेरी तरफ़ इस तरह चिल्ला जो रही थी।

हिल्दे : *(उसकी आँखें खुशी में नाच रही हैं)* 'मास्टर बिल्डर सोलनेस जिन्दाबाद!' हाँ!

सोलनेस : - और अपनी झण्डी को इस तरह हिला और फड़फड़ा रही थी कि - मुझे उसको देखकर चक्कर आने लगे।

हिल्दे : (ज़्यादा शान्त और गम्भीर ढंग से) वह नन्ही शैतान - वह मैं ही थी।

सोलनेस : *(अपनी आँखे उस पर गड़ा कर)* अब मैं पक्के तौर पर कह सकता हूँ। यह तुम ही रही होगी।

हिल्दे : *(एक बार फिर उल्लास से भर उठती है)* क्योंकि वो सब इतना उत्तेजक और दिलचस्प था। मुझे विश्वास ही नहीं होता था कि पूरी दुनिया में कोई ऐसा उस्ताद बिल्डर है जो इतनी ऊँची मीनार बना सकता है। और फिर, आप खुद वहाँ ऊपर खड़े थे, बिलकुल ऊपर! जीते-जागते आप खुद! और आपको ज़रा भी चक्कर नहीं आ रहे थे। हद हो गयी थी - सोच कर ही जैसे सर चकराने लगता था।

सोलनेस : तुम्हें यह कैसे पता था कि मुझे -

हिल्दे : *(इस विचार को परे करते हुए)* ओह, छोड़िए भी! यह भी कोई बात है! अन्दर से मुझे पता था। क्योंकि यदि आपको चक्कर आ रहे होते, वहाँ ऊपर खड़े होकर तो आप इस तरह गा तो नहीं सकते थे।

सोलनेस : गा नहीं सकता था? क्या मैंने गाया था?

हिल्दे : हाँ, बाक़ायदा गा रहे थे आप।

सोलनेस : *(अपना सिर हिलाते हुए)* मैंने जीवन में एक सुर तक नहीं लगाया।

हिल्दे : ओह हाँ - उस वक्त आपने गाया था। वह हवा में वीणा-वादन सा सुन रहा था।

सोलनेस : *(सोचते हुए)* यह सब - बहुत अजीब है।

हिल्दे : *(एक क्षण चुप रहती है, उसकी ओकर देखती है, और धीमी आवाज़ में कहती है)* लेकिन तब - बाद में - तब *असली* चीज़ तो तब हुई।

सोलनेस : असली चीज़?

हिल्दे : *(उसकी आँखें अधीर हैं और नाच रही हैं)* हाँ, बिलकुल। अब *इसकी* याद भी मुझे दिलानी होगी?

सोलनेस : हाँ, क्यों नहीं, इसकी याद भी ज़रा मुझे दिला ही दो।

हिल्दे : आपको याद नहीं कि आपके लिए एक बहुत बड़ी पार्टी

क्लब में हुई थी?

सोलनेस : ओह, हाँ यह उसी शाम की बात होगी। क्योंकि अगली सुबह मैं चला आया था।

हिल्दे : और क्लब के बाद आपको हमारे घर में चाय-पानी के लिए बुलाया गया था।

सोलनेस : बिलकुल ठीक, मिस वांगेल। बहुत बढ़िया, कैसे ये छोटी-छोटी बातें अपने भेजे में तुमने रखी हुई हैं।

हिल्दे : छोटी-छोटी बातें! ये तो खूब रही! मेरा ख़याल है कि यह भी छोटी बात थी कि जब आप आये तो मैं कमरे में अकेली थी?

सोलनेस : क्या तुम *वाकई* अकेली थीं?

हिल्दे : आपने कहा था कि अपनी सफ़ेद पोशाक में मैं ख़ूबसूरत लग रही थी। और कि मैं एक नन्ही शहज़ादी जैसी दिखती थी।

सोलनेस : मुझे यकीन है कि तुम वैसी ही दिखती थीं, मिस वांगेल। और फिर, - उस दिन मैं इतना आज़ाद और हल्का महसूस कर रहा था-

हिल्दे : और तब आपने कहा कि बड़ी होने पर मुझे *आपकी* शहज़ादी बनना चाहिए।

सोलनेस : *(थोड़ा हँसते हुए)* अरे! - क्या मैंने यह भी कहा था?

हिल्दे : हाँ, बिलकुल। और जब मैंने पूछा कि मुझे कितनी देर इन्तज़ार करना होगा, आपने कहा कि आप दस साल बाद फिर आयेंगे- किसी जिन्न की तरह - और मुझे ले जायेंगे। स्पेन, या वैसी ही किसी जगह। और आपने वायदा किया था कि वहाँ आप मेरे लिए एक राज्य खरीदेंगे।

सोलनेस : *(पहले की तरह)* हाँ, एक बढ़िया खाना खाने के बाद आप चिल्लर गिनने की परवाह नहीं करते। लेकिन क्या

मैंने वाक़ई यह सब कहा था?

हिल्दे : *(चुपचाप हँसते हुए)* हाँ। और आपने यह भी बताया था कि उस राज्य का नाम क्या होगा।

सोलनेस : तो? क्या था उसका नाम?

हिल्दे : उसे ओराञ्जिया का साम्राज्य कहा जाना था, आपने कहा।

सोलनेस : यह तो ख़ूब चटपटा नाम था।

हिल्दे : नहीं, यह मुझे बिलकुल भी पसन्द नहीं आया था। मुझे लगा कि आप मेरा मज़ाक उड़ाने की कोशिश कर रहे हैं।

सोलनेस : लेकिन मुझे विश्वास है कि मेरा यह मतलब नहीं था।

हिल्दे : नहीं, शायद ऐसा नहीं था। क्योंकि उसके बाद जो आपने किया, -

सोलनेस : फिर और क्या कर गुज़रा था मैं?

हिल्दे : हाँ, मैं इसी का इन्तज़ार कर रही थी - कि आप यह भी भूल गये होंगे! मेरा ख़याल था कि यह ऐसी चीज़ नहीं जो किसी को याद न रहे।

सोलनेस : ठीक है, तुम थोड़ा-सा इशारा करो और तब शायद -। हाँ, तो फिर?

हिल्दे : *(एकटक उसकी ओर देखते हुए)* आपने आकर मुझे चूम लिया था, मिस्टर सोलनेस।

सोलनेस : *(मुँह बाये, कुर्सी से उठते हुए)* क्या वाक़ई?

हिल्दे : ओह हाँ। आपने मुझे अपनी दोनों बाहों में ले लिया और मुझे पीछे की तरफ़ झुकाते हुए मुझे चूमने लगे। कई बार आपने मुझे चूमा।

सोलनेस : अरे, माइ डीयर मिस वांगेल - !

हिल्दे : *(उठते हुए)* आप कभी इसका खण्डन नहीं करेंगे?

सोलनेस : हाँ, मैं *निश्चित* तौर पर इसका खण्डन करने जा रहा हूँ!

हिल्दे : *(तिरस्कार से उसकी ओर देखते हुए)* ठीक है, तब।
(वह मुड़ती है और धीमी गति से स्टोव की ओर जाती है और उसके बिलकुल पास स्थिर खड़ी रहती है, उसकी पीठ सोलनेस की तरफ़ है और हाथ पीछे हैं। थोड़ी देर के लिए विराम)

सोलनेस : *(सर्तकता से उसके पीछे की ओर जाता है)* मिस वांगेल -?
(हिल्दे चुप है और बिना हिले खड़ी रहती है) पत्थर की तरह खड़ी मत रहो। यह सब, जो तुमने कहा है, तुमने ज़रूर इसे सपने में देखा होगा। *(वह अपना हाथ उसकी बाज़ू पर रखता है)* अब सुनो - *(हिल्दे अपनी बाज़ू को अधीरता से हिलाती है। सोलनेस इस तरह से बात करता है जैसे कि एक विचार अभी-अभी उसे आया है)* जब तक कि - ज़रा रुको - ! इस सबकी तह में कुछ है जिसकी जड़ें गहरी जाती हैं, तुम जान जाओगी। *(हिल्दे हिलती नहीं। सोलनेस धीमे किन्तु दृढ़ स्वर में बोलता है)* यह सब ज़रूर मैंने *सोचा* होगा। मैंने ज़रूर इसे *चाहा* होगा। यह *इच्छा* रही होगी। मेरी *आकांक्षा*। और इस तरह -। क्या इसे इस तरह नहीं समझा जा सकता? *(हिल्दे अभी भी चुप है। सोलनेस अधैर्य से बोलता चला जाता है)* चलो ठीक है, भाड़ में जाये यह सब, तो मैंने ज़रूर वह सब किया होगा, मुझे लगता है!

हिल्दे : *(अपना सिर ज़रा सा मोड़ती है, लेकिन उसकी ओर देखती नहीं)* तो आप मानते हैं अब?

सोलनेस : हाँ। जैसे तुम चाहो।

हिल्दे : कि आपने मुझे बाहों में लिया?

सोलनेस : ओह, हाँ!

हिल्दे : और मुझे पीछे की ओर झुका दिया?

सोलनेस : काफ़ी पीछे की ओर।

हिल्दे : और मुझे चूमा?

सालेनेस : हाँ, मैंने चूमा।

हिल्दे : कई बार?

सोलनेस : उतनी बार जितनी बार तुम चाहो।

हिल्दे : *(अचानक उसकी ओर मुड़ती है। उसकी आँखों में एक बार फिर उल्लास और नाच-भरा भाव है)* देखा! मैंने यह सब आपके मुँह से उगलवा ही लिया न!

सोलनेस : *(मद्धिम मुस्कान लिए)* हाँ, लेकिन ज़रा सोचो - कि मैं ऐसी चीज़ को भी भूल गया था।

हिल्दे : *(एक बार फिर कुछ नाराज़गी में, उससे दूर जाते हुए)* ओह, आपने तो पता नहीं क़ितने लोगों को चूमा होगा अपने ज़माने में।

सोलनेस : नहीं, तुम मेरे बारे में *ऐसा* बिलकुल नहीं सोचो। *(हिल्दे आरामकुर्सी में बैठ जाती है। सोलनेस झूलने वाली कुर्सी पर वज़न डाले खड़ा उसे ध्यान से देख रहा है।)* मिस वांगेल?

हिल्दे : हाँ?

सोलनेस : उस सब का फिर हुआ क्या? उसके बाद क्या हुआ हम दोनों के बीच?

हिल्दे : और कुछ भी नहीं हुआ। यह आपको अच्छी तरह पता है। क्योंकि तब दूसरे मेहमान आ पहुँचे और इस तरह - ! हाह!

सोलनेस : हाँ, हाँ। वो अन्दर आ पहुँचे। सोचो कि मुझे यह भी भूल जाना था।

हिल्दे : ओह, असल में आप कुछ भी भूले नहीं हैं। लेकिन आपको संकोच होता है। इस तरह की चीज़ें भूलती नहीं, मुझे पता है।

सोलनेस : नहीं, सो तो है।

हिल्दे : *(उसकी ओर देखते हुए, एक बार फिर उल्लास से भरी हुई)* अगर शायद आप यह भी भूल नहीं गये कि वह कौन सा दिन था।

सोलनेस : कौन-सा दिन था -?

हिल्दे : हाँ, वो कौन-सा दिन था जब आपने मीनार के ऊपर फूलमाला टाँगी थी? बताइये? एकदम बताइये मुझे !

सोलनेस : हम्म् - भगवान कसम, मैं असली दिन भूल गया हूँ। मुझे सिर्फ़ इतना पता है कि यह दस साल पहले की बात है। पतझड़ में कभी।

हिन्दे : *(धीरे-धीरे कई बार अपना सिर हिलाते हुये)* यह दस साल पहले की बात है। उन्नीस सितम्बर की।

सोलनेस : ओह, हाँ, यह उसी के आसपास रहा होगा। देखो, तुम्हें यह भी याद है *(रुकते हुए)* लेकिन ज़रा ठहरो - ! हाँ, - आज सितम्बर की उन्नीस तारीख है।

हिल्दे : हाँ। और दस साल पूरे हो गये है। और आप हाज़िर नहीं हुए जैसा कि आपने वायदा किया था।

सोलनेस : वायदा किया था? मेरा ख़याल है तुम्हारा मतलब है कि तुम्हें धमकी दी थी?

हिन्दे : मुझे नही लगता कि *इसमें* कोई धमकी वाली बात थी।

सोलनेस : तो फिर, तुम्हारा मज़ाक उड़ाया था थोड़ा बहुत।

हिल्दे : आप क्या यही चाहते थे? मेरा मज़ाक उड़ाना?

सोलनेस : तब यूँ कह लें कि तुम्हारे साथ मज़ाक कर रहा था। भगवान जाने, मुझे तो याद नहीं। लेकिन ऐसा ही कुछ होगा। क्योंकि उस वक्त तुम सिर्फ़ छोटी-सी बच्ची ही तो थीं।

हिल्दे : ओह शायद मैं इतनी छोटी भी नहीं थी। कोई भोंदू-सी, छोटी-सी लड़की जैसा आप सोचते हैं।

सोलनेस : *(खोजपूर्ण नज़रों से उसे देखते हुए)* क्या तुम्हें वाक़ई ऐसा लगता था कि मैं वापिस आऊँगा?

हिल्दे : *(कुछ-कुछ मुस्कान छिपाते हुए)* हाँ, बिलकुल! मुझे तो आपसे यही उम्मीद थी।

सोलनेस : कि मैं तुम्हारे घर आऊँगा और तुम्हें अपने साथ ले जाऊँगा?

हिल्दे : किसी जिन्न की तरह, हाँ?

सोलनेस : और तुम्हें शहज़ादी बना दूँगा?

हिल्दे : आपने ऐसा वायदा किया था।

सोलनेस : और तुम्हें एक राज्य भी सौंप दूँगा?

हिल्दे : *(ऊपर छत की ओर देखते हुए)* क्यों नहीं? क्योंकि ज़रूरी नहीं कि यह कोई असली, साधारण राज्य होता।

सोलनेस : लेकिन उतना ही बढ़िया?

(एक क्षण उसकी ओर देख कर) यदि आप गिरजाघर की दुनिया की सबसे ऊँची मीनार बना सकते थे, तो मुझे लगा कि किसी तरह की सल्तनत भी वुजूद में ला सकते थे।

सोलनेस : *(अपना सिर हिलाते हुए)* मैं तुम्हें ज़रा भी समझ-बूझ नहीं सकता, मिस वांगेल।

हिल्दे : क्या वाक़ई? मुझे तो यह बहुत आसान लगता है।

सोलनेस : नहीं, मैं निश्चित तौर पर नहीं कह सकता कि तुम जो कुछ भी कहती हो वही कह रही होती हो। या कि तुम सिर्फ़ मज़ाक कर रही होती हो -

हिल्दे : *(मुस्कराते हुए)* शायद आपका मज़ाक उड़ा रही होती हूँ? मैं भी?

सोलनेस : हम दोनों का। *(उसकी ओर देखते हुए)* क्या तुम्हें काफ़ी पहले से पता है कि मैं शादी-शुदा हूँ?

हिल्दे : हाँ, मुझे शुरू से ही पता है। आप *यह* क्यों पूछ रहे हैं?

सोलनेस : *(लापरवाही से)* ऐसे ही मेरे मन में आया। *(गम्भीरता से उसकी ओर देखता है और धीमे स्वर में कहता है)* तुम क्यों आयी हो?

हिल्दे : क्योंकि मुझे अपनी सल्तनत चाहिए। वक्त आ गया है।

सोलनेस : *(न चाहते हुए भी हँसते हुए)* कहना पड़ेगा कि तुम एक विचित्र इनसान हो!

हिल्दे : *(उल्लसित स्वर में)* मेरी सल्तनत मुझे सौंप दीजिए, मिस्टर सोलनेस! *(उँगलियों से थपकते हुए)* मेज़ पर रख दीजिए!

सोलनेस : *(झूलने वाली कुर्सी को पास खींचकर उस पर बैठते हुए)* नहीं, अब सच-सच बताओ - तुम क्यों आयी हो? तुम यहाँ असल में क्या करना चाहती हो?

हिल्दे : तो ठीक है, सबसे पहले तो मैं वो सब कुछ देखना चाहती हूँ जो आपने बनाया है।

सोलनेस : ऐसा करने में तुम्हें काफ़ी मेहनत लगेगी।

हिल्दे : हाँ, मुझे पता है कि आपने बहुत कुछ बनाया है।

सोलनेस : हाँ, वाक़ई। ख़ासतौर पर पिछले सालों में।

हिल्दे : गिरजाघरों की बहुत सी मीनारें भी? बहुत ही ऊँची?

सोलनेस : नहीं। अब मैं गिरजाघरों की मीनारें नहीं बनाता। और न ही गिरजाघर।

हिल्दे : अरे, तो फिर आप क्या बनाते हैं?

सोलनेस : घर, मनुष्यों के लिए।

हिल्दे : *(सोचते हुए)* क्या ऐसा नहीं हो सकता कि - कि आप उन घरों के ऊपर भी गिरजाघरों की छोटी-छोटी मीनारें खड़ी कर दें?

सोलनेस : *(चौंककर)* इससे तुम्हारा क्या मतलब है?

हिल्दे : मेरा मतलब है - कोई चीज़ जो सीधे ऊपर - खुली हवा में जा निकले। जिसका वात-सूचक इतना ऊँचा हो कि

उसे देखकर सर चकराने लगे।

सोलनेस : *(एक क्षण सोचकर)* कितना विचित्र है कि तुमने यह बात कही। क्योंकि यही वह चीज़ है जो मैं करना चाहूँगा।

हिल्दे : लेकिन फिर आप ऐसा करते क्यों नहीं?

सोलनेस : *(सिर हिलाते हुए)* क्योंकि लोग नहीं चाहते।

हिल्दे : कितना अजीब है कि वे ऐसा नहीं चाहते!

सोलनेस : *(कम गम्भीर अन्दाज़ में)* लेकिन अब मैं अपने लिए एक नया घर बना रहा हूँ। यहाँ से कुछ दूर।

हिल्दे : अपने लिए?

सोलनेस : हाँ। वह लगभग ख़त्म होने वाला है। और उसके ऊपर एक मीनार है।

हिल्दे : ऊँची मीनार?

सोलनेस : हाँ।

हिल्दे : बहुत ऊँची?

सोलनेस : लोग कहेंगे कि वह कुछ ज़्यादा ही ऊँची है। किसी घर के लिए।

हिल्दे : सुबह उठते ही सबसे पहले मैं उस मीनार को देखूँगी।

सोलनेस : *(गाल हथेली में टिकाये उसकी ओर देखता है)* यह बताओ मिस वांगेल तुम्हारा नाम क्या है? यानी तुम्हारा असली नाम?

हिल्दे : मेरा नाम तो हिल्दे ही है।

सोलनेस : *(पहले की तरह)* हिल्दे? वाक़ई?

हिल्दे : आपको याद नहीं क्या? आपने ख़ुद मुझे हिल्दे कहा था। उस दिन जब आप इतनी बुरी तरह पेश आये थे।

सोलनेस : मैंने यह भी किया था?

हिल्दे : लेकिन उस दिन आपने 'नन्ही हिल्दे' कहा था। और

यह मुझे अच्छा नहीं लगा था।

सोलनेस : तो यह तुम्हें अच्छा नहीं लगा था, मिस हिल्दे?

हिल्दे : नहीं उस वक्त नहीं। लेकिन - 'शहज़ादी हिल्दे' -। यह तो सुनने में बहुत अच्छा लगेगा न।

सोलनेस : बिलकुल ठीक। 'शहज़ादी हिल्दे, - फ़लाँ-फ़लाँ राज्य की शहज़ादी उस राज्य का नाम क्या होना था भला?

हिल्दे : ओह बकवास! मैं उस घटिया राज्य के बारे में सोचना नहीं चाहती। मुझे एक और ही तरह की हुकूमत चाहिए।

सोलनेस : *(कुर्सी पर अपनी पीठ पीछे लगाकर उसकी ओर देखते हुए)* क्या यह अजीब नहीं है -? मैं इस बारे में जितना ज़्यादा सोचता हूँ - उतना ही मुझे लगता है कि इन सारे सालों के दौरान मैं अपने आप को यातना देता रहा हूँ - हम्म्

हिल्दे : किस चीज़ से?

सोलनेस : एक बार फिर कुछ ढूँढने की कोशिश में - कोई अनुभव जो लगता था कि मैं भूल गया हूँ। लेकिन मुझे कभी पता नहीं चला कि वह क्या हो सकता था।

हिल्दे : आपको अपने रुमाल में गाँठ लगानी चाहिए थी, मिस्टर सोलनेस।

सोलनेस : तब मैं सिर्फ़ यही सोचकर परेशान होता रहता कि उस गाँठ का मतलब क्या है।

हिल्दे : ओह हाँ, मेरा ख़याल है दुनिया में ऐसे जिन्न भी हैं।

सोलनेस : *(धीरे-धीरे उठते हुए)* यह बहुत अच्छा हुआ कि अब तुम यहाँ चली आयी हो।

हिल्दे : *(तीखी नज़र से)* क्या यह अच्छा है?

सोलनेस : क्योंकि मैं इतना अकेला महसूस करता रहा हूँ यहाँ। और इस सब को हताशा से एकटक देख रहा हूँ। *(आवाज़ धीमी करते हुए)* मुझे तुम्हें बताना चाहिए - मैं

युवा पीढ़ी से बहुत डरने लगा हूँ - ज़्यादा डरने लगा हूँ।

हिल्दे : *(तिरस्कारभरी साँस लेते हुए)* ऊँह्! क्या युवा पीढ़ी कोई ऐसी चीज़ है जिससे डरा जाये?

सोलनेस : वो तो वह है ही। इसीलिए मैंने अपने आप को चारों तरफ़ से बन्द कर लिया है। *(रहस्यमयी अन्दाज़ में)* तुम्हें पता होना चाहिए कि युवा पीढ़ी किसी दिन यहाँ आयेगी, मेरे दरवाज़े पर भड़भड़ाती हुई! दरवाज़ा तोड़कर वह भीतर चली आयेगी!

हिल्दे : तब तो मुझे लगता है कि आपको बाहर जाकर युवा पीढ़ी के लिए दरवाज़ा खोल देना चाहिए।

सोलनेस : दरवाजा खोल देना चाहिए?

हिल्दे : हाँ। ताकि युवा पीढ़ी भीतर आप तक पहुँच सके। दोस्ताना शर्तों पर।

सोलनेस : नहीं, नहीं, नहीं! युवा पीढ़ी - वह तो बदला लेती है। वह बदलाव का अगुवा बनकर आती है। एक नया झण्डा लेकर।

हिल्दे : *(उठती है, उसकी ओर देखती हुई काँपते हुए मुँह से कहती है)* क्या आप मुझसे कोई काम ले सकते हैं, मिस्टर सोलनेस?

सोलनेस : हाँ, बिलकुल ले सकता हूँ! क्योंकि मुझे लगता है - तुम भी एक नया झण्डा लेकर आ रही हो। यौवन की यौवन से टक्कर - !

(डॉ. हैर्दाल हॉल के दरवाज़े से अन्दर आते हैं)

डॉ. हैर्दाल : अरे! आप और मिस वांगेल अभी तक यहीं है?

सोलनेस : हाँ? हमने बहुत सी चीज़ों के बारे में बातें कीं।

हिल्दे : नयी और पुरानी, दोनों।

डॉ. हैर्दाल : अच्छा? वाक़ई?

हिल्दे : ओह, बहुत मज़ा आया। क्योंकि मिस्टर सोलनेस -

उनकी याददाश्त इतनी तेज़ है कि विश्वास करना मुश्किल है। हर छोटी-से-छोटी चीज़ इन्हें झट से याद आ जाती है।

(दायीं ओर के दरवाज़े से श्रीमती सोलनेस अन्दर आती हैं)

श्रीमती सोलनेस : तो मिस वांगेल, आपका कमरा तैयार है।

हिल्दे : ओह, आप कितनी मेहरबान हैं!

सोलनेस : *(अपनी पत्नी से)* बच्चों का कमरा!

श्रीमती सोलनेस : हाँ। बीच वाला। लेकिन पहले हमें कुछ खा लेना चाहिए।

सोलनेस : *(हिल्दे की ओर सिर हिलाते हुए)* हाँ, हिल्दे बच्चों के कमरे में सोयेगी।

श्रीमती सोलनेस: *(उसकी ओर देखते हुए)* हिल्दे?

सोलनेस : हाँ, मिस वांगेल का नाम हिल्दे है। मैं उन्हें तब से जानता हूँ जब वे बहुत छोटी थीं।

श्रीमती सोलनेस : ओह, *वाक़ई* हल्वर्ड? तो आ जाओ फिर। डिनर तैयार है।

(वे डॉ. हैर्दाल की बाज़ू थामे हुए दायीं ओर से बाहर चली जाती हैं। इस दौरान हिल्दे अपना सामान इकट्ठा करती है।)

हिल्दे : *(सोलनेस से, तेज़ी से पर मद्धिम स्वर में)* क्या यह सही है, जो आपने कहा? आप मुझसे कोई काम ले सकते हैं?

सोलनेस : *(उससे उसका सामान लेते हुए)* मुझे सबसे ज़्यादा ज़रूरत तुम्हारी ही थी।

हिल्दे : *(उसे देखती है उसकी आँखें खुशी और विस्मय से भरी हैं और हाथ आपस में बंधे हैं)* तो फिर - ओ महान, शानदार दुनिया, तुम -!

सोलनेस : *(साँस रोके हुए)* फिर - ?

हिल्दे : तो फिर मुझे अपनी सल्तनत मिल गयी है!

सोलनेस : *(बिना चाहते हुए)* हिल्दे -!

हिल्दे : *(एक बार फिर काँपते हुए मुँह से) लगभग* - मैं कहने वाली थी। *(वह दायीं ओर से बाहर चली जाती है। सोलनेस उसके पीछे-पीछे जाता है)*

अंक दो

सोलनेस दम्पति के घर में सुहाने ढंग से सजाया हुआ बैठकनुमा एक छोटा कमरा। पिछली दीवार में शीशे का एक दरवाज़ा है जो बाहर बरामदे और बगीचे में जाता है। दायीं ओर एक कोना दीवार में एक खाँचे से कटा हुआ है जिसमें पौधों के लिए स्टैण्ड हैं और एक बड़ी खिड़की है। इसी तरह से एक कोना बायीं ओर भी कटा हुआ है। इसमें वॉलपेपर से ढका हुआ एक छोटा दरवाज़ा है। दोनों तरफ़ की दीवारों में एक साधारण दरवाज़ा है। आगे की तरफ़ दायीं ओर बड़े शीशे वाली एक कन्सोल-टेबल है। बहुत सारे फूल और पौधे। आगे बायीं ओर एक सोफ़ा, मेज़ और कुर्सियाँ। काफ़ी पीछे एक किताबों का शेल्फ़। खाँचे के आगे एक छोटी मेज़ और कुछ कुर्सियाँ। सुबह-सुबह का वक्त है।

सोलनेस छोटी मेज़ के पास बैठा है, रग्नार ब्रोविक का फ़ोल्डॅर उसके सामने खुला हुआ है। वह रेखा-चित्रों को पलटता है और उनमें से कुछ को बड़े ग़ौर से देखता है। श्रीमती सोलनेस पानी का फुहारा लिए चुपचाप इधर-उधर जा रही हैं फूलों को पानी दे रही हैं। वे पहले की तरह ही काले वस्त्र पहने हुए हैं। उनका हैट, बाहर पहनने वाला कोट और छाता शीशे के पास एक कुर्सी पर पड़े हैं। सोलनेस बीच-बीच में अपनी आँखों से उनका पीछा करता है, श्रीमती सोलनेस इससे बेख़बर हैं। उनमें से कोई भी बोल नहीं रहा।

काया फ़ोस्ली बायीं ओर के दरवाज़े से चुपचाप अन्दर आती है।

सोलनेस : *(सिर घुमाकर लापरवाह उदासीनता से)* ओह, यह तुम

हो?

काया : मैं सिर्फ़ आपको बताना चाहती थी कि मैं आ गयी हूँ?

सोलनेस : हाँ, हाँ बिलकुल ठीक। क्या रग्नार भी आ चुका है?

काया : नहीं अभी नहीं। उसे डॉक्टर के लिए थोड़ी देर रुकना था। लेकिन वह जल्दी ही आने वाला है, यह सुनने के लिए -

सोलनेस : आज बूढ़े के क्या हाल हैं?

काया : काफ़ी ख़राब। उन्होंने आपसे छुट्टी माँगी है क्योंकि आज उन्हें आराम करना है।

सोलनेस : बिलकुल। उसे आराम करने दो। लेकिन तुम जाकर अपना काम करो।

काया : *(दरवाज़े के पास रुकते हुए)* आप रग्नार के आने पर उससे बात करना चाहेंगे?

सोलनेस : नहीं, - मुझे ध्यान नहीं कि मुझे उससे कोई ख़ास बात करनी है। *(काया बायीं ओर से वापिस बाहर चली जाती है। सोलनेस बैठा हुआ रेखाचित्रों को पलटता रहता है)*

श्रीमती सोलनेस : *(पौधों के पास)* कहीं ऐसा तो नहीं कि अब वह भी चल बसेगा?

सोलनेस : *(उनकी ओर देखते हुए)* वह भी? दूसरा कौन है?

श्रीमती सोलनेस : *(बिना जवाब दिये हुए)* ओह, हाँ; बूढ़ा मिस्टर ब्रोविक वह भी मरने वाला है, हल्वर्ड, मुझे पता है। तुम देख लेना; वह चल बसेगा।

सोलनेस : आलीने, डीयर, मेरा ख़याल है तुम्हें थोड़ी देर सैर कर लेनी चाहिए।

श्रीमती सोलनेस : हाँ, मुझे भी ऐसा लग रहा है। *(वे पौधों को पानी देती रहती हैं)*

सोलनेस : *(रेखाचित्रों पर झुकते हुए)* क्या वह अभी तक सोयी हुई है?

श्रीमती सोलनेस : *(उसे देखते हुए)* क्या तुम यहाँ बैठे मिस वांगेल के बारे में सोच रहे हो?

सोलनेस : *(उदासीनता से)* यूँ ही उसका ध्यान आ गया था मुझे।

श्रीमती सोलनेस : मिस वांगेल काफ़ी देर से उठी हुई है।

सोलनेस : ओह, वाक़ई?

श्रीमती सोलनेस : जब मैं अन्दर गयी तो वह चीज़ों को तरतीब से लगा रही थी। *(वे शीशे के सामने जाती हैं और धीरे-धीरे अपना हैट पहनने लगती हैं)*

सोलनेस : *(थोड़ी देर रुककर)* तो बच्चों का एक कमरा किसी काम आ ही गया, आलीने।

आलीने : हाँ।

सोलनेस : मेरा ख़याल है यह इससे तो बेहतर है कि वो सारे ख़ाली पड़े रहें।

श्रीमती सोलनेस : यह ख़ालीपन भयानक है। तुम ठीक कह रहे हो।

सोलनेस : *(फ़ोल्डॅर को बन्द कर देता है, उठता है और उनके पास जाता है)* तुम देख लेना, आलीने - आने वाले समय में हमारी हालत सुधर जायेगी। वह कहीं ज़्यादा आरामदेह होगी। ज़िन्दगी ज़्यादा आसान होगी - ख़ासतौर पर तुम्हारे लिए।

श्रीमती सोलनेस : *(उसकी ओर देखते हुए)* आने वाले समय में?

सोलनेस : हाँ, मेरा विश्वास करो, आलीने -

श्रीमती सोलनेस : तुम्हारा मतलब है - क्योंकि अब *वह* यहाँ आ गयी है?

सोलनेस : *(अपने आप को रोकते हुए)* मेरा मतलब, है, जब हम नये घर में चले जायेंगे।

श्रीमती सोलनेस : *(अपना बाहर वाला कोट उठाते हुए)* ओह, तुम्हें लगता है हल्वर्ड? कि बेशक ऐसा ही होगा?

सोलनेस : मुझे यकीन नहीं होता कि ऐसा नहीं होगा। और फिर तुम्हें भी तो यही लगता है?

श्रीमती सोलनेस : मैं तो नये घर के बारे में सोचती भी नहीं।

सोलनेस : *(निरुत्साहित)* मेरे लिए तो यह बहुत बुरी ख़बर है। क्योंकि वह घर मैंने ख़ासतौर पर तुम्हारे लिए ही बनाया है। *(वह कोट पहनने में उनकी मदद करता है)*

श्रीमती सोलनेस : *(उससे दूर जाते हुए)* असली बात यह है कि तुम मेरे लिए कुछ ज़्यादा ही करते हो।

सोलनेस : *(ज़रा आवेग में)* नहीं, नहीं, तुम्हें ऐसा नहीं कहना चालिए, आलीने! मैं तुम्हारे मुँह से ऐसी बात सुनना सहन नहीं कर सकता।

श्रीमती सोलनेस : ठीक है फिर, मैं ऐसा नहीं कहूँगी, हल्वर्ड।

सोलनेस : लेकिन मैं तब भी कहता हूँ। तुम देख लेना - तुम्हें उस नये घर में बहुत अच्छा लगेगा।

श्रीमती सोलनेस : हे भगवान - *मुझे* अच्छा लगेगा -!

सोलनेस : *(अधीरता से)* हाँ लगेगा! लगेगा! तुम यकीन करो, माइ डीयर! क्योंकि वहाँ - वहाँ कुछ ऐसा होगा जो तुम्हें अपने घर की याद दिलायेगा -

श्रीमती सोलनेस : उस घर जो मम्मा और पापा का था। और जो जल कर राख़ हो गया था।

सोलनेस : *(मद्धिम आवाज़ में)* हाँ, हाँ, प्यारी आलीने। तुम्हारे लिए वह एक भयानक सदमा था।

श्रीमती सोलनेस : *(विलाप का स्वर अपनाते हुए)* तुम जितना चाहो बनाओ हल्वर्ड - लेकिन तुम मेरे लिए एक असली घर दुबारा नहीं बना पाओगे!

सोलनेस : *(कमरे के दूसरी तरफ़ जाते हुए)* तो फिर ठीक है, भगवान के लिए अब हम इसके बारे में और बात नहीं करेंगे।

श्रीमती सोलनेस : वैसे भी हम इसके बारे में बात नहीं करते। क्योंकि तुम इस विषय से मुँह मोड़े रखते हो -

सोलनेस : *(अचानक रुककर उसकी ओर देखता है)* अच्छा? मुझे क्या पड़ी है ऐसा करने की? कि मैं इससे मुँह मोड़े रखूँ?

श्रीमती सोलनेस : ओह, हाँ, मैं तुम्हें बहुत अच्छी तरह समझती हूँ, हल्वर्ड। तुम मुझे चीज़ों से बचा कर रखना चाहते हो। और मुझे क्षमा भी करते हो। जिस हद तक तुम कर सकते हो।

सोलनेस : *(आँखों में अचम्भे का भाव लिए हुए)* तुम! क्या तुम खुद, अपने बारे में बात कर रही हो, आलीने?

श्रीमती सोलनेस : हाँ, अपने बारे में कर रही हूँ।

सोलनेस : *(बिना चाहते हुए, अपने आप से)* उसे लेकर भी!

श्रीमती सोलनेस : जहाँ तक पुराने घर की बात है, - जहाँ तक उसकी बात है, वह तो जो होना था सो हुआ। भगवान ही जानता है कि एक बार शुरू होने के बाद बदकिस्मती क्यों -

सोलनेस : हाँ, तुम ठीक कह रही हो। बदकिस्मती से बचना कठिन है, ऐसा कहा जाता है।

श्रीमती सोलनेस : लेकिन वह भयानक चीज़ जो आग अपने साथ लेकर आयी -! *वही* है वह! वही, वही, वही!

सोलनेस : *(ज़ोर देकर)* उसके बारे में मत सोचो, आलीने!

श्रीमती सोलनेस : हाँ, वही तो वो चीज़ है जिसके बारे में मुझे सोचना चाहिए। और जिसकी बात करना चाहिए। क्योंकि मुझे नहीं लगता कि मैं इसे और ज़्यादा सह सकती हूँ। और फिर, मेरे पास तो खुद को माफ़ करने का हक भी तो नहीं - !

सोलनेस : *(चौंक कर)* खुद को -!

श्रीमती सोलनेस : हाँ, क्योंकि मेरी दो-तरफ़ा ज़िम्मेदारी थी। तुम्हारे प्रति और बच्चों के प्रति। मुझे अपना दिल सख़्त कर लेना चाहिए था। ताकि ख़ौफ़ मुझपर इस क़दर हावी न हो जाता। न ही घर के जल जाने का दुख *(हाथ मसलते हुए)* ओह, यदि मैं ऐसा कर पाती, हल्वर्ड!

सोलनेस : *(शान्त और द्रवित भाव से, उनकी ओर जाते हुए)* आलीने, मुझसे वायदा करो कि तुम इन चीज़ों के बारे में और नहीं सोचोगी। वायदा करो मुझसे, माइ डीयर!

श्रीमती सोलनेस : हे भगवान, - वायदा! वायदा! वायदा तो किसी भी चीज़ का किया जा सकता है -

सोलनेस : *(अपने हाथों को जकड़ कर कमरे के दूसरी ओर जाते हुए)* ओह, इस सबका कोई इलाज नहीं है! रोशनी की एक झलक तक नहीं इस घर में! एक झलक तक नहीं!

श्रीमती सोलनेस : यहाँ कोई घर नहीं है, हल्वर्ड।

सोलनेस : नहीं, यह भी कह ही दो तुम। *(भारी मन से)* और भगवान ही जानता है कि कहीं तुम यह भी तो ठीक नहीं कह रही - कि नये घर में भी हमारी हालत इससे बेहतर नहीं होगी।

श्रीमती सोलनेस : कभी नहीं होगी। इतना ही ख़ाली। इतना ही वीरान। जैसा यहाँ, वैसा वहाँ।

सोलनेस : *(क्रोध में)* तो फिर, भगवान के लिए, हमने उसे बनाया ही क्यों है? तुम बता सकती हो मुझे!

श्रीमती सोलनेस : नहीं, इसका जवाब खुद तुम्हें देना होगा।

सोलनेस : *(सन्देह भरी नज़रों से उन्हें देखते हुए)* इससे तुम्हारा मतलब क्या है, आलीने?

श्रीमती सोलनेस : क्या मतलब है मेरा?

सोलनेस : हाँ, भाड़ में जाये यह सब -! तुमने यह इतने अजीब ढंग से कहा है। जैसे तुम्हारे मन में कोई बात हो।

श्रीमती सोलनेस : नहीं, मैं तुम्हें यक़ीन दिला सकती हूँ -।

सोलनेस : *(पास आते हुए)* शुक्रिया, - जो मैं जानता हूँ वो तो मैं जानता ही हूँ। और मैं देख और सुन भी सकता हूँ, आलीने। यह तो तुम मान कर ही चलो!

श्रीमती सोलनेस : लेकिन यह सब है क्या? यह क्या है?

सोलनेस : *(उनके सामने रुकते हुए)* मसलन, क्या ऐसा नहीं है कि तुम मेरे मासूम से मासूम शब्द में भी कोई पोशीदा और काँइयाँ अर्थ ढूँढने की कोशिश करती हो?

श्रीमती सोलनेस : *मैं*, तुम कह रहे हो! ऐसा मैं करती हूँ?

सोलनेस : *(हँसते हुए)* हा, हा, हा! लेकिन यह तो ठीक ही है, आलीने! जब घर में तुम्हारा एक बीमार आदमी से वास्ता पड़े, तब -

श्रीमती सोलनेस : *(चिन्तित होकर)* बीमार! क्या तुम *बीमार* हो, हल्वर्ड?

सोलनेस : *(संयम खोते हुए)* तो फिर आधा-पागल सही! एक आदमी जिसका दिमाग़ खराब हो गया है! तुम जो चाहो कह लो।

श्रीमती सोलनेस : *(घबराहट में कुर्सी की पीठ को टटोलती हैं और बैठ जाती हैं)* हल्वर्ड, - भगवान के लिए - !

सोलनेस : लेकिन तुम दोनों को ग़लतफहमी है। तुम्हें और डॉक्टर को। मेरे साथ ऐसी कोई गड़बड़ नहीं है। *(वह कमरे में इधर-उधर घूमता है। श्रीमती सोलनेस चिन्तित आँखों से उसे देख रही हैं। फिर वह उनके पास जाता है। वह शान्त भाव से बात करता है)* असल में मेरे साथ ज़रा भी कोई गड़बड़ नहीं है।

श्रीमती सोलनेस : नहीं, बिलकुल नहीं है, है न? लेकिन तब तुम्हें इतनी परेशानी किस बात की है?

सोलनेस : परेशानी यह है कि मैं अक्सर कर्ज़ अदा करने के ख़ौफ़नाक एहसास के नीचे डूबने लगता हूँ

श्रीमती सोलनेस : कर्ज़ तुमने कहा! लेकिन तुम्हारे ऊपर तो किसी का भी कोई कर्ज़ नहीं है, हल्वर्ड!

सोलनेस : *(शान्त और द्रवित भाव से)* मेरे ऊपर तुम्हारा बेहिसाब कर्ज़ है, - तुम्हारा, - तुम्हारा, आलीने।

श्रीमती सोलनेस : इस सबके पीछे क्या है? अब तो तुम बता ही दो।

सोलनेस : लेकिन इसके पीछे कुछ नहीं है। मैंने तुम्हें कभी कोई नुक्सान नहीं पहुँचाया। जानबूझ कर तो कभी भी नहीं। और तब भी- ऐसा लगता है जैसे एक कर्ज़ मेरे ऊपर लदा हुआ है जो मुझे दबा रहा है, कुचल रहा है।

श्रीमती सोलनेस : मेरा कोई कर्ज़?

सोलनेस : ज़्यादातर तुम्हारा ही।

श्रीमती सोलनेस : तब तुम - बीमार ही हो, हल्वर्ड।

सोलनेस : *(भारी मन से)* हो सकता है। या ऐसा ही कुछ *(दायीं ओर के दरवाज़े को देखते हुए, जो खुल रहा है)* आह! अब रोशनी बढ़ रही है।

(हिल्दे वांगेल अन्दर आती है। उसने अपनी पोशाक में कुछ परिवर्तन किये हैं। उसने अपनी स्कर्ट को नीचे तक पूरा खोल दिया है)

हिल्दे : गुड मॉर्निंग, मिस्टर सोलनेस!

सोलनेस : *(सिर हिलाते हुए)* ठीक से सोयीं?

हिल्दे : खूब मज़े से! जैसे मैं किसी बच्चे के झूले में पड़ी होऊँ। हाँ, - मैं लेटी और किसी - किसी राजकुमारी की तरह पसर गयी!

सोलनेस : *(हल्के से मुस्कराते हुए)* काफ़ी आराम से सोयीं, तब तो?

हिल्दे : बिलकुल!

सोलनेस : और मेरे ख़याल है सपने भी लिए?

हिल्दे : ओह, हाँ। लेकिन भयानक।

सोलनेस : वाक़ई?

हिल्दे : हाँ, क्योंकि सपने में मैं एक बहुत ही ऊँची, सीधी खड़ी चट्टान के ऊपर से गिर रही थी। क्या आपको कभी ऐसा सपना नहीं आता?

सोलनेस : हाँ, आता तो है, कभी-कभार -

हिल्दे : वह बहुत रोमांचक होता है - जब आप गिरते हैं और

गिरते ही चले जाते हैं -

सोलनेस : ख़ून ठण्डा पड़ने लगता है।

हिल्दे : आप अपनी टाँगें ऊपर खींच लेते हैं, जब ऐसा हो रहा होता है?

सोलनेस : हाँ, जितनी ऊपर खींच सकता हूँ।

हिल्दे : मैं भी यही करती हूँ।

श्रीमती सोलनेस : *(अपना छाता उठाते हुए)* मुझे अब शहर जाना चाहिए, हल्वर्ड। *(हिल्दे से)* और मैं वो एक-दो चीज़ें ले आऊँगी जो तुम्हारे काम आ सकती हैं।

हिल्दे : *(जैसे कि उनका आलिंगन करने वाली हो)* ओह, आप कितनी प्यारी और अच्छी हैं, मिसेज़ सोलनेस! कितनी मेहरबान हैं, बहुत ही ज़्यादा -

श्रीमती सोलनेस : *(उसे रोककर अपने आप को मुक्त कराते हुए)* ओह बिलकुल नहीं। यह तो मेरा फ़र्ज़ है। और इसलिए मैं इसे खुशी-खुशी कर रही हूँ।

हिल्दे : *(नाराज़ होकर मुँह लटकाते हुए)* फिर भी मेरा ख़याल है मैं बाहर तो जा ही सकती हूँ - मैंने पोशाक को काफ़ी ठीक-ठाक कर लिया है। या शायद नहीं जा सकती?

श्रीमती सोलनेस : सच कहूँ तो मेरा ख़याल है लोग तुम्हारी तरफ़ थोड़ा-बहुत तो देखेंगे हीं।

हिल्दे : *(अनसुनी करते हुए)* ऊँह! बस! उसमें तो मज़ा आयेगा।

सोलनेस : *(अपने चिड़चिड़ेपन को दबाते हुए)* हाँ, लेकिन लोगों को लग सकता है कि *तुम* भी पागल हो।

हिल्दे : पागल? तो क्या इस शहर में बहुत से लोग पागल हैं?

सोलनेस : *(उँगली से अपने माथे को छूते हुए)* तुम एक को तो यहाँ देख ही रही हो।

हिल्दे : *आप* मिस्टर सोलनेस!

श्रीमती सोलनेस : ओह, जाने भी दो! माइ डीयर हल्वर्ड!

सोलनेस : क्या तुम्हें अभी तक इसका पता नहीं चला?

हिल्दे : नहीं, बिलकुल भी नहीं। *(फिर दुबारा सोचती है और ज़रा सा हँसती है)* हाँ, शायद सिर्फ़ एक चीज़ में।

सोलनेस : देखा! तुम सुन रही हो, आलीने?

हिल्दे : नहीं, मैं बताऊँगी नहीं।

सोलनेस : ओह हाँ, तुम्हें बताना चाहिए!

हिल्दे : नहीं शुक्रिया, - मैं इतनी पागल नहीं हूँ।

श्रीमती सोलनेस : मेरा ख़याल है, हल्वर्ड, मिस वांगेल तुम्हें अकेले में बतायेंगी।

सोलनेस : ओह, - तुम्हें ऐसा लगता है?

श्रीमती सोलनेस : हाँ, बिलकुल। क्योंकि तुम कभी उन्हें बहुत अच्छी तरह जानते थे। तुम्हारे अनुसार, उनके बचपन से ही। *(वे बायीं ओर के दरवाज़े से बाहर चली जाती हैं)*

हिल्दे : *(एक क्षण के बाद)* क्या मैं आपकी पत्नी को ज़रा भी पसन्द नहीं?

सोलनेस : तुम्हें लगता है कि तुमने ऐसा कुछ देखा है?

हिल्दे : क्या आपने खुद नहीं देखा?

सोलनेस : *(टालने के अन्दाज में)* पिछले कुछ सालों से आलीने लोगों के साथ बहुत संकोच से पेश आती है।

हिल्दे : क्या वाक़ई?

सोलनेस : लेकिन यदि तुम उसे अच्छी तरह से जान सकतीं- क्योंकि वह बहुत दयावान है - और बहुत नेक और बहुत अच्छी -

हिल्दे : *(अधैर्य से)* लेकिन यदि वे *ऐसी* हैं तो उन्होंने फर्ज़ को लेकर वो बात क्यों कही?

सोलनेस : फर्ज़ को लेकर?

हिल्दे : हाँ, उन्होंने कहा कि वे मेरे लिए कुछ खरीद लायेंगी। क्योंकि यह उनका *फ़र्ज़* है, उन्होंने कहा। ओह, मैं यह भद्दा, घिनौना शब्द सहन नहीं कर सकती!

सोलनेस : भला क्यों?

हिल्दे : क्योंकि यह इतना ठण्डा और कर्कश और चुभनेवाला

शब्द है। फ़र्ज़ - फ़र्ज़ - फ़र्ज़! क्या आपको भी ऐसा नहीं लगता? कि यह किसी तरह आपको चुभता है?

सोलनेस : हम्म्, - इसके बारे में मैंने ज़्यादा नहीं सोचा।

हिल्दे : हाँ, वह चुभता है! और यदि वे इतनी दयावान हैं, - जैसा कि आप कहते हैं, - तो वे इस तरह से बात क्यों करती हैं?

सोलनेस : लेकिन, हे भगवान, उसे क्या कहना चाहिए था?

हिल्दे : उन्हें कहना चाहिए था कि वे ऐसा करेंगी क्योंकि वे मुझे बहुत पसन्द करती हैं! कुछ इस तरह की चीज़ वे कह सकती थीं। कुछ ऐसा जो वाक़ई सद्‌भाव और स्नेह से भरा होता।

सोलनेस : *(उसकी ओर देखते हुए)* क्या तुम कुछ ऐसा चाहती हो?

हिल्दे : हाँ, बिलकुल। *(वह कमरे में घूमती है, बुक - केस के पास रुकती है, और किताबें देखती हैं)* आपके पास बहुत किताबें हैं।

सोलनेस : हाँ, कुछ तो हैं ही।

हिल्दे : और आप इस सबको पढ़ते हैं?

सोलनेस : कोई वक्त था जब मैं कोशिश करता था। क्या तुम बहुत पढ़ती हो?

हिल्दे : मैं नहीं! कभी नहीं - अब नहीं। मुझे इसमें कोई तुक नज़र नहीं आती।

सोलनेस : बिलकुल यही चीज़ मेरे साथ भी है।

(हिल्दे थोड़ी देर इधर-उधर घूमती है, छोटी मेज़ के पास रुकती है, फ़ोल्डर को खोलती है, और उसके पन्ने पलटती है)

हिल्दे : यह नक्शे आपके बनाये हुए हैं?

सोलनेस : नहीं, यह उस नौजवान ने बनाये हैं है जो मेरी मदद करता है।

हिल्दे : उसे खुद आपने सिखाया है?

सोलनेस : ओह हाँ, मुझे उम्मीद है उसने मुझसे से भी कुछ सीखा है।

हिल्दे : *(बैठते हुए)* यानी वह काफ़ी कुशल है? *(एक चित्र पर नज़र दौड़ाते हुए)* या नहीं?

सोलनेस : ओह, इतना बुरा नहीं है। *मेरा* काम उससे चल जाता है-

हिल्दे : हाँ, बिलकुल! वह बहुत ही होशियार होगा।

सोलनेस : तुम्हें लगता है इन चित्रों से तुम यह देख सकती हो?

हिल्दे : उफ़, ये गिचपिच लाइनें! लेकिन यदि उसने *आपके* दफ़्तर में ट्रेनिंग ली है, तब तो -

सोलनेस : ओह, जहाँ तक इस बात का सवाल है - यहाँ बहुत से लोग हैं जिन्होंने *मुझसे* सीखा है। और तब भी उनका कुछ ख़ास बना नहीं।

हिल्दे : *(उसकी ओर देखकर सिर हिलाते हुए)* देखिए, यदि मेरा जीवन इस बात पर निर्भर होता, तब भी मैं समझ नहीं पाती कि आप इतने बुद्धू कैसे हैं।

सोलनेस : बुद्धू? तुम समझती हो मैं बहुत बुद्धू हूँ?

हिल्दे : हाँ, बिलकुल। यदि आप इन सब लोगों को ट्रेन्रिंग देते रहने से ही सन्तोष मिलता है तो -

सोलनेस : *(चौंककर)* तो? लेकिन क्यों नहीं?

हिल्दे : *(उठती हुई, कुछ-कुछ गम्भीर और कुछ-कुछ हँसती हुई)* ओह बकवास, मिस्टर सोलनेस! उसका फ़ायदा क्या है? मकान बनाने का हक़ सिर्फ़ आपको होना चाहिए। बिलकुल आप ही को होना चाहिए। आपको सब कुछ खुद करना चाहिए। अब समझे आप?

सोलनेस : *(बिना चाहते हुए)* हिल्दे - !

हिल्दे : हाँ?

सोलनेस : तुम्हें यह बात सूझी कैसे?

हिल्दे : आपको लगता है यह बहुत बेवकूफ़ाना बात है - यह बात?

सोलनेस : नहीं, ऐसी बात नहीं। लेकिन अब मैं तुम्हें कुछ बताता हूँ।

हिल्दे : कहिए?

सोलनेस : चुपचाप और अकेले में - हर समय - मैं इसी एक सोच को गुनता रहता हूँ, हिल्दे।

हिल्दे : लेकिन मुझे लगता है यह तो बहुत सहज बात है।

सोलनेस : *(उसे सतर्कता से देखते हुए)* और इसमें कोई शक नहीं कि तुमने यह देख भी लिया है?

हिल्दे : नहीं, मैंने नहीं देखा - बिलकुल भी नहीं।

सोलनेस : लेकिन अभी कुछ देर पहले, - जब तुमने कहा कि तुम्हारे विचार में मैं थोड़ा-सा - हिला हुआ हूँ? कम से कम एक चीज़ में -?

हिल्दे : ओह, मैं बिलकुल अलग ही कोई बात सोच रही थी।

सोलनेस : बिलकुल अलग? कैसे?

हिल्दे : हम उसकी बात नहीं करेंगे, मिस्टर सोलनेस।

सोलनेस : *(कमरे के दूसरी तरफ़ जाते हुए)* ठीक है, तुम्हारी मर्ज़ी। *(खाँचे के पास रुकते जाते हुए)* इधर आओ। मैं तुम्हें कुछ दिखाता हूँ।

हिल्दे : *(नज़दीक जाते हुए)* क्या है?

सोलनेस : वो देख रही हो, - वहाँ बगीचे में - ?

हिल्दे : हाँ?

सोलनेस : *(इशारा करते हुए)* पत्थर की बड़ी खदान से थोड़ा ऊपर?

हिल्दे : आपका मतलब है वह नया घर?

सोलनेस : हाँ, वो जो अभी बन रहा है। लगभग बन ही गया है।

हिल्दे : मुझे लगता है कि इसकी मीनार बहुत ऊँची है।

सोलनेस : मिस्त्रियों की मचान अब भी खड़ी है।

हिल्दे : यह आपका नया घर है?

सोलनेस : हाँ।

हिल्दे : जिस घर में अब आप लोग रहने वाले हैं?

सोलनेस : हाँ।

हिल्दे : *(उसकी ओर देखते हुए)* उस घर में भी क्या बच्चों के कमरे हैं?

सोलनेस : तीन, जैसे यहाँ हैं।

हिल्दे : और बच्चा कोई नहीं?

सोलनेस : न ही होगा कभी।

हिल्दे : *(आधी मुस्कान के साथ)* तो फिर, क्या यह वैसा नहीं है जैसा मैंने कहा था -?

सोलनेस : यानी -?

हिल्दे : यानी आप - यदि ऐसा कहें - तो थोड़ा पागल तो हैं ही?

सोलनेस : तो क्या तुम इस चीज़ के बारे में सोच रही थीं?

हिल्दे : हाँ बच्चों के उन खाली कमरों के बारे में, जहाँ मैं सोयी थी।

सोलनेस : *(आवाज़ धीमी करते हुए)* बच्चे तो हमारे थे, मेरे और आलीने के।

हिल्दे : *(उसे असमंजस में देखते हुए)* अच्छा - ?

सोलनेस : दो छोटे लड़के। वे दोनों एक ही उम्र के थे।

हिल्दे : जुड़वाँ।

सोलनेस : हाँ, जुड़वाँ। यह ग्यारह-बारह साल पहले की बात है।

हिल्दे : *(झिझकते हुए)* और वे दोनों- ? तो वे जुड़वाँ बच्चे अब नहीं हैं?

सोलनेस : *(शान्त भावावेग से)* वे सिर्फ़ तीन हफ़्ते ही ज़िन्दा रहे। या इतनी देर भी नहीं। *(आवेग में फूट पड़ता है)* ओह हिल्दे, मैं तुम्हें बता नहीं सकता तुम्हारे आने से मुझे कितनी राहत मिली है! क्योंकि अब कोई तो है जिससे

मैं बात कर सकता हूँ!

हिल्दे : यह आप उनके - *उनके* साथ नहीं कर सकते?

सोलनेस : इस विषय पर नहीं। उस तरह से नहीं जैसे मैं चाहता हूँ और जैसे मुझे ज़रूरत है। *(भारी मन से)* और न ही बहुत सी दूसरी चीज़ों के बारे में।

हिल्दे : *(धीमी आवाज़ में)* तो आपका सिर्फ़ यही मतलब था जब आपने कहा कि आपको मेरी ज़रूरत थी?

सोलनेस : सबसे ज़्यादा तो यही था। कम से कम कल तो यही था। क्योंकि आज मैं पक्की तरह नहीं कह सकता *(बोलते-बोलते रुक जाता है)* इधर आओ, हिल्दे, आओ बैठते हैं। यहाँ सोफ़े पर बैठो, ताकि तुम बगीचे को देख सको। *(हिल्दे सोफ़े के कोने में बैठ जाती है। सोलनेस एक कुर्सी उसके नज़दीक खींच लेता है)* तुम इसके बारे में सुनना चाहोगी?

हिल्दे : हाँ, बहुत अच्छा लगेगा - बैठकर आपको सुनना।

सोलनेस : *(बैठते हुए)* तब मैं तुम्हें सब कुछ बताता हूँ।

हिल्दे : अब मैं आपको और बग़ीचे को, दोनों को देख सकती हूँ, मिस्टर सोलनेस। तो फिर बताइये! फ़ौरन!

सोलनेस : *(खाँचे के पास वाली खिड़की की ओर इशारा करते हुए)* वहाँ चढ़ाई पर,- जहाँ तुम नया घर देख रही हो-

हिल्दे : हाँ?

सोलनेस : पहले कुछ साल मैं और आलीने वहीं रहते थे। क्योंकि उन दिनों वहाँ एक पुराना घर था जो पहले उसकी माँ के पास था। उसी से वह हमें मिला था। और बहुत बड़ा बगीचा भी।

हिल्दे : उस घर के ऊपर भी एक मीनार थी?

सोलनेस : ऐसा कुछ भी नहीं था। बाहर से देखने पर वह लकड़ी के एक बहुत बड़े भद्दे और अँधेरे डिब्बे जैसा लगता

था। लेकिन फिर भी अन्दर से काफ़ी आरामदेह और सुन्दर था।

हिल्दे : तो आपने उस पुराने घर को तोड़ दिया?

सोलनेस : नहीं, वह जल गया था।

हिल्दे : पूरा?

सोलनेस : हाँ।

हिल्दे : बहुत बड़ी बदकिस्मती थी यह आपकी?

सोलनेस : निर्भर करता है कि हम इसे कैसे देखते हैं। आग की वजह से एक आला बिल्डर के तौर पर मैं अपने पैरों पर खड़ा हो गया।

हिल्दे : वो तो ठीक है, लेकिन -?

सोलनेस : उस समय ये दोनों लड़के पैदा हुए ही थे -

हिल्दे : बेचारे बच्चे, हाँ।

सोलनेस : वे एकदम तन्दरुस्त थे। और वे रोज़ बड़े होते जा रहे थे, आप देख सकते थे।

हिल्दे : छोटे बच्चे शुरू के कुछ दिनों में बहुत तेज़ी से बड़े होते हैं।

सोलनेस : वह इतना सुन्दर दृश्य होता था, जब आलीने उन दोनों के साथ लेटी होती थी। लेकिन फिर आग वाली रात आ पहुँची -।

हिल्दे : *(साँस रोककर)* हुआ क्या? बताइये! क्या आग में कोई जल गया था?

सोलनेस : नहीं, ऐसा नहीं। वे सब सुरक्षित घर से बाहर चले गये थे।

हिल्दे : लेकिन फिर क्या हुआ -?

सोलनेस : आग की वजह से आलीने बुरी तरह हिल गयी थी। भयानक अफ़रा-तफ़री - घर से निकलना - वह भगदड़ और उस पर रात की खून जमा देने वाली हवा -।

क्योंकि उन्हें, जिस हालत में वे थे, उसी में बाहर ले जाना पड़ा। आलीने को और बच्चों को।

हिल्दे : क्या वे बर्दाशत नहीं कर पाये।

सोलनेस : बर्दाश्त तो उन्होंने *कर* लिया था। लेकिन आलीने को बुख़ार हो आया। और उसका असर उसके दूध पर पड़ा। तब भी वह ख़ुद ही उन्हें दूध पिलाती रही। क्योंकि उनके अनुसार यह उसका फ़र्ज़ था। और हमारे दोनों छोटे-छोटे लड़के वे *(मुट्ठियाँ कसते हुए)* वे आह!

हिल्दे : वे इससे उबर नहीं पाये?

सोलनेस : नहीं, *इससे* तो वे नहीं ही उबर पाये। यही वह चीज़ थी जो उन्हें हमसे छीन कर ले गयी।

हिल्दे : आपके लिए यह बहुत मुश्किल रहा होगा।

सोलनेस : बहुत मुश्किल। लेकिन आलीने के लिए दस गुना ज़्यादा मुश्किल। *(मूक आवेश में अपनी मुट्ठियाँ कसते हुए)* ओह, यह कितने दुख की बात है कि दुनिया में इस तरह की चीज़ें होती है! *(तेज़ और रूखे अन्दाज़ में)* जिस दिन से वे बच्चे मुझसे छिन गये, मैंने गिरजाघर बनाना छोड़ दिया।

हिल्दे : शायद आपको हमारे गिरजाघर की मीनार बनाना भी अच्छा नहीं लगा था?

सोलनेस : नहीं। मुझे याद है उस मीनार को ख़त्म करने के बाद मैं कितना खुश और हल्का महसूस कर रहा था।

हिल्दे : यह *मुझे* भी याद है।

सोलनेस : और अब मैं उस तरह की चीज़ कभी नहीं बनाऊँगा - दुबारा कभी नहीं! न गिरजाघर और न गिरजाघरों की मीनार।

हिल्दे : *(धीरे-धीरे सिर हिलाते हुए)* सिर्फ़ वो घर जिनमें लोग रह सकें।

सोलनेस : इनसानों के लिए घर, हिल्दे।

हिल्दे : लेकिन ऐसे घर जिनके ऊँची-ऊँची मीनारें और कलश हों।

सोलनेस : यदि ऐसा मुमकिन हो। *(हल्का-फुल्का स्वर अपनाते हुए)* हाँ, देखो, - जैसा मैंने कहा - उस आग ने मुझे अपने पैरों पर खड़ा कर दिया। यानी मास्टर-बिल्डर के रूप में।

हिल्दे : आप दूसरों की तरह अपने आप को आर्किटेक्ट क्यों नहीं कहते?

सोलनेस : उसके लिए मुनासिब ट्रेनिंग मुझे नहीं मिली। जो कुछ भी मैं जानता हूँ, - उसमें से ज़्यादातर मैंने अपने आप ही सीखा है।

हिल्दे : लेकिन आप अपने पैरों पर तो खड़े हो ही गये।

सोलनेस : हाँ, आग की वजह से। मैंने क़रीब-क़रीब पूरे ही बगीचे को छोटे-छोटे टुकड़ों में बाँट दिया। और *वहाँ* मैं जैसे चाहता था वैसे घर बना सकता था। और तब मेरा काम आगे बढ़ने लगा।

हिल्दे : *(खोजपूर्ण नज़रों से उसे देखते हुए)* आप ज़रूर बहुत सुखी होंगे। आपके हालात को देखकर ऐसा कहा जा सकता है।

सोलनेस : *(अवसादपूर्ण स्वर में)* सुखी? *तुम* भी यही कह रही हो? बाकी सब लोगों की तरह?

हिल्दे : हाँ, क्योंकि मुझे लगता है कि आप सुखी होंगे। यदि आप उन दो नन्हें बच्चों के बारे में सोचना छोड़ सकते, -

सोलनेस : *(धीरे-धीरे)* उन दो नन्हें बच्चों को भूलना इतना आसान नहीं, हिल्दे -

हिल्दे : *(थोड़ी झिझक के साथ)* उनके बारे में सोचकर आप अब भी दुखी होते हैं? इतने सालों के बाद भी?

सोलनेस : *(काफ़ी देर उसे देखता है, जवाब नहीं देता)* सुखी आदमी, तुमने कहा -

हिल्दे : हाँ, लेकिन क्या कई और चीज़ों में - आप सुखी नहीं

हैं?

सोलनेस : *(उसकी ओर देखता रहता है)* जब मैंने तुम्हें आग के बारे में यह सब बता रहा था - हम्म् -

हिल्दे : तो?

सोलनेस : तो लगता है उस दौरान एक ख़ास विचार तुम्हारे मन में - बैठ गया है?

हिल्दे : *(व्यर्थ ही सोचते हुए)* नहीं। वह किस तरह का विचार हो सकता है?

सोलनेस : *(शान्त भाव से लेकिन अपनी बात पर ज़ोर देते हुए)* यह सिर्फ़ उस आग की वजह से था कि मुझे लोगों के लिए घर बनाने का मौका मिला। सुखद, आरामदेह, रोशनी से भरे घर; जिनमें माँ और पिता और बहुत सारे बच्चे बेखटके, ख़ुशी-ख़ुशी रह सकते थे, और जिनमें उन्हें लगता रहता कि इस दुनिया में ज़िन्दा रहना कितना अच्छा है। और सबसे ज़्यादा यह - कि बड़ी-बड़ी या छोटी-छोटी चीज़ों में एक-दूसरे से जुड़े रहना।

हिल्दे : *(अधैर्य से)* हाँ, लेकिन आपके लिए क्या यह सुखद बात नहीं है कि आप इतने सुन्दर घर बना सकते हैं?

सोलनेस : वह कीमत, हिल्दे। वो भयंकर कीमत जो यहाँ तक पहुँचने के लिए मुझे चुकानी पड़ी।

हिल्दे : लेकिन इस बात को आप भूल नहीं सकते?

सोलनेस : नहीं। क्योंकि दूसरों के लिए घर बनाने के लिए मुझे अपना घर - हमेशा - हमेशा के लिए - छोड़ देना पड़ा। मेरा मतलब है बहुत सारे बच्चों के लिए एक घर। और माँ और पिता के लिए भी।

हिल्दे : *(झिझकते हुए)* लेकिन *ऐसा* करना क्या ज़रूरी था? हमेशा के लिए, आपने कहा?

सोलनेस : *(धीरे-धीरे सिर हिलाते हुए)* उस *सुख* की यही कीमत थी- जिसके बारे में लोग सदा बात करते रहते हैं। *(भारी*

साँस लेते हुए) वह सुख, - हम्म्, - इससे सस्ते में नहीं ख़रीदा जा सकता था, हिल्दे।

हिल्दे : *(पहले की तरह ही)* लेकिन क्या यह सब ठीक नहीं हो जायेगा?

सोलनेस : इस दुनिया में तो नहीं। कभी नहीं। आग का यह भी एक अञ्जाम था। और बाद में आलीने की बीमारी का।

हिल्दे : *(आँखों में गूढ़ भाव लिए उसे देखती है)* और तब भी आपने बच्चों के ये सब कमरे बनाये।

सोलनेस : *(सच्चे मन से)* तुमने कभी ध्यान नहीं दिया, हिल्दे, कि जो नामुमकिन होता है - वह, एक तरह से, हमें अपने वश में कर लेता है और हमें बुलाता रहता है?

हिल्दे : *(सोचती हुई)* नामुमकिन? *(उत्साहित हो उठती है)* अरे, हाँ! क्या आपको भी ऐसा लगता है?

सोलनेस : हाँ, बिलकुल।

हिल्दे : यानी आप में भी जिन्न-भूत जैसे कुछ लक्षण मौजूद हैं?

सोलनेस : जिन्न-भूत जैसे क्यों?

हिल्दे : तो फिर आप इसे क्या नाम देंगे?

सोलनेस : *(उठते हुए)* ठीक है, हो सकता है कि ऐसा हो। *(आवेग से)* लेकिन मैं जिन्न बनने से कैसे बच सकता हूँ - हर चीज़ में वह सब जो मेरे साथ हो जाता है! हर चीज़ में!

हिल्दे : आपका क्या मतलब है?

सोलनेस : *(पहले से धीमी आवाज़ में और अन्दर-अन्दर उद्वेलित भाव से)* जो कुछ मैं तुम्हें कह रहा हूँ उस पर ध्यान दो, हिल्दे। वह हर चीज़ जिसे बनाने में, खड़ा करने में, जिसे एक ख़ूबसूरत रूप देने में मैं सफल हुआ हूँ - मन को खुश कर देने वाला रूप - यहाँ तक कि भव्यता की छवि भी *(अपनी मुट्ठियों को भींचते हुए)* ओह, इसके बारे में सोचना भी भयानक है--!

हिल्दे : *क्या* है जो इतना भयानक है?

सोलनेस : कि इस सब का देनदार मैं हूँ, उसकी कीमत चुकानी है मुझे। पैसे से नहीं, इनसान की ख़ुशी से। और सिर्फ़ मेरे ख़ुद के सुख से नहीं। बल्कि दूसरों के भी। हाँ, हाँ ज़रा *इसके* बारे में सोचकर देखो, हिल्दे! ये वो कीमत है जो कलाकार बनने के लिए मैंने चुकायी है - और मेरे लिए दूसरों ने भी। और हर दिन मेरे लिए नये सिरे से चुकायी गयी इस कीमत को मुझे देखते रहना होता है। एक बार फिर, और एक बार फिर, - और हमेशा एक बार फिर!

हिल्दे : *(उठकर एकटक उसे देखते हुए)* अब आप ज़रूर - उनके बारे में सोच रहे होंगे।

सोलनेस : हाँ। ख़ासतौर पर आलीने के बारे में। क्योंकि आलीने - उसे भी अपने जीवन में कुछ करना था। उतना ही जितना मुझे करना था। *(उसकी आवाज़ काँपती है)* लेकिन उसकी ज़िन्दगी के मक़सद को बर्बाद होना था, कुचला जाना था, टुकड़े-टुकड़े हो जाना था - ताकि मेरा मक़सद - एक बहुत बड़ी जीत जैसी किसी चीज़ तक पहुँच सके। क्योंकि तुम्हें पता होना चाहिए कि आलीने - उनमें भी निर्माण करने की प्रतिभा मौजूद थी।

हिल्दे : उनमें? निर्माण करने की?

सोलनेस : *(सिर हिलाते हुए)* घर और मीनारें और कलश नहीं- और जैसी चीज़ों पर मैं काम करता हूँ --

हिल्दे : लेकिन तब क्या?

सोलनेस : *(नाज़ुक और विह्वल भाव से)* नन्हें बच्चों की आत्माएँ निर्मित करने की, हिल्दे। बच्चों की आत्माएँ निर्मित करने की, ताकि वे सन्तुलित, उदार और सुन्दर आत्माओं के रूप में बड़ी हो सकें। ताकि वे बड़ी होकर मानवीय आत्माओं की तरह में अपने आप में रह सकें। यह था आलीने का गुण। और यह, अब यह सब - यूँ ही पड़ा

है। न इससे कोई काम लिया जा रहा है और न ही अब यह किसी काम का है। दुनिया के लिए बेकार। आग के बाद जैसे मलबे का कोई ढेर होता है।

हिल्दे : हाँ, लेकिन यदि ऐसा भी हो--?

सोलनेस : ऐसा *ही* है! ऐसा *ही* है! मैं जानता हूँ!

हिल्दे : जो भी हो, इसके लिए आप तो दोषी नहीं है।

सोलनेस : *(आँखें उस पर गढ़ा कर सिर को धीरे-धीरे हिलाते हुए)* लेकिन यह - यही तो है वह अहम और खौफ़नाक सवाल। *यही* तो वह शंका है जो दिन-रात मुझे खाती रहती है।

हिल्दे : ये!

सोलनेस : हाँ, अब मान लो कि दोषी मैं ही था। किसी न किसी रूप में।

हिल्दे : आप! आग के लिए!

सोलनेस : पूरी चीज़ के लिए। हर चीज़ के लिए। और फिर शायद - बिलकुल निर्दोष, उसके बावजूद।

हिल्दे : *(चिन्ता में उसे देखते हुए)* उफ़, मास्टर बिल्डर आप -, यदि आप ऐसी चीज़ कह सकते हैं, तब तो शायद - आप बीमार ही हैं।

सोलनेस : हम्म्, - मुझे शक है कि इस चीज़ को लेकर मैं कभी पूरी तरह सन्तुलित बात कह सकूँगा। *(रन्गनार ब्रोविक सावधानी से बायें कोने वाला छोटा दरवाज़ा खोलता है। हिल्दे कमरे के दूसरी ओर जाने लगती है)*

रन्गनार : *(हिल्दे को देखकर)* ओह -। मुझे क्षमा करें, मिस्टर सोलनेस- *(वह वापिस जाने लगता है)*

सोलनेस : नहीं, नहीं मेहराबानी करके जाओ मत। तब यह सब हो जायेगा।

रन्गनार : ओह हाँ, काश कि यह हो जाता!

सोलनेस : मैंने सुना है कि तुम्हारे पिता की तबीयत अभी भी

ख़राब है।

रग्नार : मेरे पिताजी की तबीयत अब तेज़ी से बिगड़ रही है। और इसीलिए मेरी आपसे गुज़ारिश है, - कम-से-कम एक प्लान का अनुमोदन करते हुए कुछ शब्द लिख दीजिए! जिन्हें मेरे पिताजी पढ़ लें, इससे पहले कि -

सोलनेस : *(ज़ोर देकर)* अब तुम अपने इन नक्शों के बारे में मुझसे बात नहीं करो।

रग्नार : आपने उन्हें देखा है?

सोलनेस : हाँ, - देखा है।

रग्नार : और वे अच्छे नहीं हैं? और न ही मुझमें कोई प्रतिभा है?

सोलनेस : *(टालने की मंशा से)* तुम यहीं मेरे साथ रहो, रग्नार। तुम जैसे भी, जो भी करना चाहो करो। फिर तुम काया से शादी कर सकते हो। बिना किसी चिन्ता के रह सकते हो। शायद सुख से भी। लेकिन यह विचार छोड़ दो कि तुम अपनी मर्ज़ी की इमारतें बनाओगे।

रग्नार : तब तो मैं घर जाकर यह बात पिताजी को बताता हूँ।। क्योंकि मैंने उनसे वायदा किया था कि मैं उन्हें बताऊँगा। क्या मैं यह बात उनके मरने से पहले उन्हें बता दूँ?

सोलनेस : *(कराहते हुए)* ओह, बता दो - जहाँ तक मेरा सवाल है तुम जो भी चाहो उसे बता दो। लेकिन अच्छा यही होगा कि तुम उसे कुछ न बताओ! *(अपने आप पर काबू खोते हुए)* मैं अलावा इसके और कुछ नहीं कर सकता, रग्नार!

रग्नार : तो मैं चित्रों को अपने साथ ले जाऊँ?

सोलनेस : हाँ, ले जाओ - लेकर चले जाओ बस! वो वहाँ मेज़ पर पड़े हैं।

रग्नार : *(मेज़ की ओर जाते हुए)* शुक्रिया।

हिल्दे : *(फ़ोल्डर पर अपना हाथ रखते हुए)* नहीं, नहीं, इन्हें यहीं

छोड़ दो।

सोलनेस : किसलिए?

हिल्दे : क्योंकि मैं भी इन्हें देखना चाहती हूँ।

सोलनेस : लेकिन तुम उन्हें देख - *(रन्गनार से)* ठीक है, तब इन्हें यहीं छोड़ दो।

रन्गनार : बहुत अच्छा।

सोलनेस : और सीधा घर अपने पिता के पास चले जाओ।

रन्गनार : हाँ, मुझे जाना ही चाहिए।

सोलनेस : *(जैसे कि बहुत हताशा में हो)* सुनो रन्गनार - तुम मुझसे ऐसा कुछ मत मांगो जो मैं *नहीं* कर सकता! मेरी बात सुनो, रन्गनार! ऐसा *कुछ* मत मांगो!

रन्गनार : नहीं, नहीं। मुझे क्षमा करें। *(वह झुकता है और कोने वाले दरवाज़े से बाहर चला जाता है)*

(हिल्दे उठकर शीशे के पास कुर्सी पर बैठ जाती है)

हिल्दे : *(गुस्से में सोलनेस को देखते हुए)* आपने बहुत कमीनी हरक़त की।

सोलनेस : तुम्हें भी ऐसा लगता है?

हिल्दे : हाँ, यह बहुत कमीनी हरक़त थी। और बेरहम और बुरी और भद्दी भी।

सोलनेस : आह, तुम्हें मेरी हालत की कुछ समझ नहीं।

हिल्दे : तब भी -। नहीं, *आपको* ऐसा नहीं होना चाहिए।

सोलनेस : तुमने अभी खुद ही कहा था कि इमारतें बनाने का हक सिर्फ़ मेरे पास होना चाहिए।

हिल्दे : मैं तो ऐसी चीज़ कह सकती हूँ। लेकिन आपको तो नहीं कहनी चाहिए।

सोलनेस : सबसे ज़्यादा तो मुझे ही वाक़ई। जिस तरह की कीमत चुकाकर मैंने अपनी जगह बनायी है।

हिल्दे : ओह हाँ, - जिसे आप घरेलू सुख कहते हैं - उसकी

कीमत पर, और उसी तरह की और चीज़ें।

सोलनेस : और अपनी आत्मा की शान्ति को भी दाँव पर लगाकर।

हिल्दे : *(उठती हुई)* आत्मा की शान्ति! *(भाव विह्वल होकर)* हाँ, हाँ आप सही कह कह रहे हैं! बेचारे मिस्टर सोलनेस - ज़रा कल्पना कीजिए -

सोलनेस : *(चुपचाप हँसते हुए)* ज़रा बैठ जाओ, हिल्दे। और मैं तुम्हें एक मज़ेदार बात बताता हूँ।

हिल्दे : *(असमंजस में, बैठते हुए)* हाँ?

सोलनेस : यह इतनी बेतुकी बात लगती है। क्योंकि पूरी कहानी एक चिमनी में आयी दरार के सहारे टिकी है।

हिल्दे : सिर्फ़ एक दरार के सहारे?

सोनलेस : नहीं; शुरू में नहीं।

(वह एक कुर्सी हिल्दे के पास ले आता है और बैठ जाता है)

हिल्दे : *(अधैर्य से, अपने घुटने को थपथपाते हुए)* हाँ, तो फिर, चिमनी में आयी दरार!

सोलनेस : मैंने आग लगने से बहुत पहले ही चिमनी में आयी दरार को देख लिया था। जब भी मैं अटारी में जाता था मैं देखने की कोशिश करता था कि वह अब भी वहाँ थी या नहीं।

हिल्दे : और वो वहाँ होती थी?

सोलनेस : हाँ। क्योंकि और किसी को भी उसके बारे में पता नहीं था।

हिल्दे : और आपने किसी को बताया भी नहीं?

सोलनेस : नहीं, मैंने नहीं बताया।

हिल्दे : न ही आपने चिमनी की मरम्मत करवाने के बारे में सोचा?

सोलनेस : सोचा तो मैंने था, - लेकिन करवा नहीं पाया। जब भी

मैं इसके बारे में कुछ करना चाहता था, जैसे कोई आकर रोक देता था। आज नहीं, मैं सोचता था। कल। और इस तरह कुछ भी नहीं हुआ।

हिल्दे : लेकिन आप इसे टालते क्यों रहे?

सोलनेस : क्योंकि मैं कुछ सोच रहा था। *(धीरे-धीरे और चुपचाप)* चिमनी में उस नन्हीं, काली दरार के रास्ते मैं बिल्डर के तौर पर कामयाबी हासिल कर सकता था।

हिल्दे : *(अपने सामने सीधे देखते हुए)* यह बहुत रोमाँचकारी रहा होगा।

सोलनेस : मेरे लिए अपने आप को रोक पाना मुश्किल था। बहुत मुश्किल। क्योंकि उन दिनों सब-कुछ इतना आसान और मामूली लगता था। मैं चाहता था कि यह सर्दियों में कभी हो। डिनर से थोड़ा पहले। जब मैं आलीने को स्लेज्ज में घुमाने के लिए गया होता। जो लोग घर में थे उन्हें कई चूल्हों में बड़ी-बड़ी आग जलानी थी-

हिल्दे : हाँ, क्योंकि उस दिन कड़ाके की ठण्ड पड़नी थी?

सोलनेस : काफ़ी तीखी - हाँ। और वे चाहते थे कि आलीने के लौटने से पहले घर गर्म और सुखद लगने लगे।

हिल्दे : क्योंकि मेरा ख़याल है उन्हें बहुत ठण्ड महसूस होती है।

सोलनेस : हाँ। और इस तरह घर लौटते हुए हमें धुँआ दिखायी देना था।

हिल्दे : सिर्फ़ धुँआ?

सोलनेस : पहले धुँआ। लेकिन जब तक हम बाग के गेट तक पहुँचते, लकड़ी की वह पुरानी इमारत पूरी की पूरी आग की भभकती लपटों की चपेट में आ चुकी होनी थी। मैं चाहता था कि यह सब *इस* तरह से हो।

हिल्दे : हे भगवान, यह सब इसी तरह से क्यों नहीं हो सकता था!

सोलनेस : हाँ, तुम सचमुच ऐसा कह सकती हो, हिल्दे।

हिल्दे : लेकिन सुनिए, मिस्टर सोलनेस। क्या आप यकीनी तौर पर कह सकते हैं कि आग चिमनी में उस छोटी सी दरार में से ही भड़की?

सोलनेस : नहीं। बल्कि इससे बिलकुल उलट हुआ। मुझे पक्का विश्वास है कि चिमनी की दरार का आग से कुछ भी लेना-देना नहीं था।

हिल्दे : क्या!

सोलनेस : यह बिलकुल साफ़तौर पर सामने आया कि आग घर के एक दूसरे ही हिस्से में कपड़ों की एक अल्मारी में शुरू हुई।

हिल्दे : तो फिर चिमनी में दरार के बारे में यह बेहूदगी क्या है जिसका ज़िक्र आप कर रहे हैं?

सोलनेस : हिल्दे, मैं तुमसे थोड़ी देर और बात कर सकता हूँ?

हिल्दे : हाँ, यदि आप एक ठीक-ठाक इनसान की तरह बात करें।

सोलनेस : मैं कोशिश करूँगा। *(वह अपनी कुर्सी पास ले आता है)*

हिल्दे : तो अब कह डालिए, मिस्टर सोलनेस।

सोलनेस : *(गोपनीय ढंग से)* क्या तुम भी ऐसा नहीं मानतीं, हिल्दे, कि कुछ खास, चुने हुए लोगों को कुछ चाहने, कोई तमन्ना करने, किसी चीज़ की आकांक्षा करने की ताक़त और काबलियत मिली होती है? और वे - इतनी ज़िद और इतनी तल्ख़ी से उसे चाहते हैं - कि वह चीज़ आख़िरकार उन्हें मिल जाती है? क्या तुम्हारा भी ऐसा मानना नहीं है?

हिल्दे : *(उसकी आँखों में ऐसा भाव है जिसे जानना मुश्किल है)* यदि ऐसा है, तो एक दिन - हम देखेंगे - कि मैं उन चुने हुए लोगों में से हूँ या नहीं।

सोलनेस : हम उन्हें *अकेले* नहीं कर पाते, इन बड़े कामों को। ओह नहीं - हमारे ख़िदमतगारों और वज़ीरों को, - उन्हें भी

हमारे साथ होना चाहिए। यदि कुछ करना है तो। लेकिन वे अपने-आप नहीं आ जाते। उन्हें इरादा करके बुलाना पड़ता है। मन-ही-मन।

हिल्दे : ये ख़िदमतगार और वज़ीर कौन होते हैं?

सोलनेस : ओह, उनके बारे में हम किसी और वक्त भी बात कर सकते हैं। फ़िलहाल तो हम आग की ही बात करते हैं।

हिल्दे : आपको नहीं लगता कि आग ने तो लगना ही था - चाहे आपने उसकी ख़्वाहिश न भी की होती?

सोलनेस : यदि वह घर बूढ़े क्नुत ब्रोविक का होता तो *उसके* लिए इतने अनुकूल ढंग से कभी नहीं जल जाता। मुझे इस बात का यकीन है। क्योंकि उसे ख़िदमतगारों को बुलाना नहीं आता, न ही वज़ीरों को। *(बेचैनी में उठ खड़ा होता है।)* देखो, हिल्दे - आख़िरकार यह मेरा कसूर था कि उन दो छोटे-छोटे लड़कों को अपना जीवन कुर्बान करना पड़ा। और तुम क्या सोचती हो मैं उस दूसरी चीज़ के लिए भी गुनाहगार नहीं हूँ कि आलीने वो नहीं बन सकी जो उसे बनना चाहिए था और जो वह बन सकती थी? और जो वे बनना चाहती थी।

हिल्दे : हाँ, लेकिन यदि ये ख़ादिम और वज़ीर ही - ?

सोलनेस : खिदमतगारों और वज़ीरों को बुलाया किसने? *मैंने*। और इस तरह वे आकर मेरी इच्छा के आगे झुक गये। *(बढ़ते हुए आवेग से)* ऐसे ही लोगों के बारे में कहा जाता है कि किस्मत उनका साथ देती है। लेकिन मैं तुम्हें बताता हूँ कि यह किस्मत महसूस कैसी होती है। यह मेरी छाती पर एक बहुत बड़े ज़ख़्म की तरह महसूस होती है। और ये ख़िदमतगार और वज़ीर लोग मेरे इस ज़ख़्म को भरने के लिए दूसरों की ख़ाल को छीलते रहते हैं! लेकिन तब भी यह ज़ख़्म अभी तक भरा नहीं है। कभी नहीं- कभी नहीं! ओह, काश तुम्हें पता होता कि

किसी वक़्त यह कैसे जलता है और टीस उठता है।

हिल्दे : *(खोजपूर्ण नज़रों से उसे देखते हुए)* आप बीमार हैं, मास्टर बिल्डर। बहुत बीमार, मेरा ख़याल है।

सोलनेस : *पागल* कहो। क्योंकि तुम्हारा यही मतलब है।

हिल्दे : नहीं, मुझे नहीं लगता कि आपकी समझ में कुछ ज़्यादा गड़बड़ है।

सोलनेस : तब, *किस* चीज़ में गड़बड़ है? उगल डालो!

हिल्दे : मैं पक्के तौर पर नहीं कह सकती, लेकिन शायद आप एक बीमार अन्तरात्मा लेकर पैदा हुए थे।

सोलनेस : बीमार अन्तरात्मा? यह किस शैतान का नाम है?

हिल्दे : मेरा मतलब है आपकी अन्तरात्मा बहुत नाज़ुक है। जैसे कि वह बहुत महीन रेशे से बुनी हुई हो। चीज़ों का सामना नहीं कर सकती। किसी भी भारी चीज़ को उठाकर नहीं चल सकती।

सोलनेस : *(बुदबुदाते हुए)* हम्म्! तो फिर, क्या मैं पूछ सकता हूँ कि अन्तरात्मा कैसी होनी चाहिए?

हिल्दे : मैं चाहती हूँ कि आपकी अन्तरात्मा—कि वह पूरी तरह हृष्ट-पुष्ट हो।

हिल्दे : ओह? हृष्ट-पुष्ट? तो, क्या तुम्हारी तुम्हारी आत्मा हृष्ट-पुष्ट है?

हिल्दे : हाँ, मुझे यकीन है कि वह है। मुझे कभी नहीं लगा कि वह ऐसी नहीं है।

सोलनेस : मेरा ख़याल है कि वह अभी किसी सख़्त आज़्माइश में से नहीं गुज़री।

हिल्दे : *(काँपते हुए होठों से)* ओह, पापा को छोड़ना इतना आसान नहीं था; मुझे उनसे भयंकर लगाव है।

सोलनेस : अरे छोड़ो! सिर्फ़ एक-दो महीनों के लिए -

हिल्दे : मुझे नहीं लगता कि मैं कभी वापिस घर जाऊँगी।

सोलनेस : कभी नहीं? तो तुमने उन्हें छोड़ा किस लिए था?

हिल्दे : *(कुछ गम्भीरता और कुछ मज़ाक में)* तो आप फिर भूल गये हैं कि दस साल पूरे हो चुके हैं?

सोलनेस : बकवास। क्या घर में कुछ गड़बड़ थी? हैं?

हिल्दे : *(पूर्ण रूप से गम्भीर)* मेरे भीतर कुछ था जो मुझे उकसाकर और खींचकर यहाँ ले आया। जिसने मुझे अपने मोह में बाँध लिया और अपनी तरफ़ खींच लिया।

सोलनेस : *(उत्साह से)* यही वो चीज़ है! यही वह चीज़ है, हिल्दे! तुम्हारे भीतर भी एक जिन्न है। जैसे मेरे भीतर है। क्योंकि यह जिन्न जो हमारे भीतर रहता है *यही* हमसे बाहर की उन ताकतों को बुलवाता है। और तब हमें इसके आगे हार माननी पड़ती है - हम चाहते हों या न चाहते हों।

हिल्दे : मेरा ख़याल है कि आप ठीक कह रहे हैं, मास्टर बिल्डर।

सोलनेस : *(कमरे में इधर-उधर घूमते हुए)* आह, दुनिया में ऐसे बेहिसाब शैतान हैं, हिल्दे, जिन्हें हम देख नहीं पाते।

हिल्दे : शैतान भी?

सोलनेस : *(रुकते हुए)* अच्छे शैतान और बुरे शैतान। सुनहरी बालों वाले शैतान और काले बालों वाले शैतान। काश कि हम जान सकते कि हमें सुनहरी बालों वाले शैतान ने वश में कर लिया है या काले बालों वाले ने। *(इधर-उधर घूमते हुए)* हा, हा! तब कोई समस्या नहीं होती।

हिल्दे : *(आँखों से उसका पीछा करते हुए)* या फिर हमारी अन्तरात्मा पूरी तरह से मज़बूत होती, भरी और पूरी। ताकि हममें वो सब कर सकने की *हिम्मत* होती जो हम *करना* चाहते हैं।

सोलनेस : *(कन्सोल टेबल के पास रुकते हुए)* मेरा ख़याल है इसे लेकर ज़्यादातर लोग उतने ही कमज़ोर होते हैं जितना मैं

हूँ।

हिल्दे : हाँ, लगता तो यही है।

सोलनेस : *(मेज़ पर झुकते हुए)* गाथाओं में -। तुमने पुरानी गाथाओं में से किसी को पढ़ा है?

हिल्दे : ओह हाँ! जिन दिनों मैं किताबें पढ़ती थी, मैं -।

सोलनेस : गाथाओं में ऐसे वाइकिंग पात्रों की कहानियाँ हैं जो समुद्र के रास्ते विदेशों में जाकर लूटपाट करते थे, घरबार जला देते थे और लोगों को मार देते थे -

हिल्दे : और औरतों को उठाकर ले जाते थे -

सोलनेस : और उन्हें कैदी बनाकर रखते थे -

हिल्दे : और अपने जहाज़ों में डालकर घर ले आते थे -

सोलनेस : और उनके साथ जिन्नों से भी ख़राब ढंग से पेश आते थे।

हिल्दे : *(आधी-मुंदी आँखों से सीधा अपने सामने देखते हुए)* मेरा ख़याल है यह बहुत रोमांचक रहा होगा।

सोलनेस : *(संक्षिप्त और गहरी हँसी हँसता है)* औरतों को उठाकर ले जाना, हैं?

हिल्दे : *उठाया* जाना।

सोलनेस : *(उसकी ओर झाँकते हुए)* ओह, वाक़ई।

हिल्दे : *(जैसे कि विषय को काटते हुए)* लेकिन, मास्टर बिल्डर, इन समुद्री-डाकुओं की बात से आप कहना क्या चाहते हैं?

सोलनेस : ये, कि ये लोग, - *उनकी* आत्मा हृष्ट-पुष्ट थी! वापिस घर पहुँचने पर वे दुबारा रोज़मर्रा की ज़िन्दगी में लौट आते थे। और वे बच्चों की तरह खुश रहते थे। और ये औरतें! अक्सर वे उन्हें छोड़कर जाना नहीं चाहती थीं। तुम यह समझ सकती हो, हिल्दे?

हिल्दे : मैं उन औरतों को अच्छी तरह समझ सकती हूँ।

सोलनेस : आहा! शायद तुम खुद भी वैसा करने के काबिल हो?

हिल्दे : क्यों नहीं?

सोलनेस : अपनी मर्ज़ी से - उस तरह के शोहदे के साथ - रह सकती हो?

हिल्दे : यदि उस शोहदे से मुझे वाक़ई लगाव हो जाये -

सोलनेस : तो तुम्हें वैसे आदमी से लगाव *हो* सकता है?

हिल्दे : हे भगवान, क्या आप लगाव के लिए किसी को चुन सकते हैं?

सोलनेस : *(सोचने की मुद्रा में उसे देखते हुए)* ओह नहीं। यह हमारे भीतर बैठा जिन्न है जो इसका फ़ैसला करता है।

हिल्दे : *(आधी सी हँसी हँसते हुए)* और ये सब के सब अहम शैतान जिन्हें आप इतनी अच्छी तरह जानते हैं। सुनहरी बालों वाले और काले बालों वाले भी।

सोलनेस : *(स्नेह से भरे शान्त स्वर में)* तब यह आशा करनी चाहिए कि ये शैतान तुम्हारे लिए बहुत सावधानी से चुनाव करेंगे, हिल्दे।

हिल्दे : उन्होंने *चुन* लिया है, मेरे लिए। सदा के लिए।

सोलनेस : *(उसे एकाग्रता से देखते हुए)* हिल्दे - तुम किसी आज़ाद जंगली परिन्दे जैसी हो।

हिल्दे : बिलकुल भी नहीं। मैं अपने आप को झाड़ियों में छिपाकर बैठी नहीं रहती।

सोलनेस : नहीं, नहीं। असल में तुममें शिकारी परिन्दे जैसा कुछ है।

हिल्दे : हाँ, शायद इस तरह का कुछ। *(भयंकर उत्साह से)* और शिकारी परिन्दा क्यों नहीं! मैं भी शिकार पर क्यों न निकलूँ? और अपना मनपसन्द शिकार करूँ? यदि मैं उसमें अपने नाखून घुसेड़ सकूँ। और उसके साथ वो सब कर सकूँ जो मेरे मन में आये।

सोलनेस : हिल्दे - तुम्हें पता है कि तुम क्या हो?

हिल्दे : हाँ, मैं अजीब तरह का परिन्दा हूँ।

सोलनेस : नहीं। तुम चढ़ते हुए दिन की तरह हो। जब मैं तुम्हें देखता हूँ - उगते हुए सूरज की तरफ़ देखने जैसा होता है।

हिल्दे : ये बताइये, मास्टर बिल्डर, - आपको यकीन है कि आपने कभी मुझे बुलाया नहीं? शायद आपको इसका बहुत कम आभास रहा हो कि आप मुझे बुला रहे हैं?

सोलनेस : *(धीमे स्वर में और धीरे-धीरे)* मुझे लगता है कि मैंने ज़रूर बुलाया होगा।

हिल्दे : आपको मेरी किस लिए ज़रूरत है?

सोलनेस : तुम नौजवान पीढ़ी हो, हिल्दे।

हिल्दे : *(मुस्कराते हुए)* वो नौजवान पीढ़ी जिससे आप इतना डरते हैं?

सोलनेस : *(धीरे-धीरे सिर हिलाते हुए)* और जिसके लिए इतनी तीखी ख़्वाहिश मेरे मन में है। *(हिल्दे उठती है, छोटी मेज़ के पास जाती है, और रग्नार ब्रोविक का फ़ोल्डॅर उठाती है)*

हिल्दे : *(फ़ोल्डॅर उसकी ओर बढ़ाते हुए)* अब, देखिए न, इन नक़्शों की ही लें -

सोलनेस : *(रूखे स्वर में, अपनी बाजू से फ़ोल्डर को परे हटाते हुए)* इन चीज़ों को वहीं रहने दो! इन्हें मैं बहुत बार देख चुका हूँ।

हिल्दे : हाँ, लेकिन आपको इनका अनुमोदन करना है।

सोलनेस : अनुमोदन! कभी नहीं!

हिल्दे : लेकिन अब जबकि वह बेचारा बूढ़ा मौत की कगार पर है! आप उसे और उसके बेटे को जुदा होने से पहले थोड़ी खुशी नहीं दे सकते? और तब शायद वह उन्हें बनाने का आर्डर ले सकेगा।

सोलनेस : हाँ, ठीक यही चीज़ वह करेगा। इसका इन्तज़ाम उसने कर लिया है - इस चतुर नौजवान ने।

हिल्दे : लेकिन, हे भगवान, यदि ऐसा भी है, तो थोड़ी देर के लिए आप झूठ नहीं बोल सकते?

सोलनेस : झूठ? *(भयंकर क्रोध में)* हिल्दे - तुम इन भौंडे नक़्शों को लेकर यहाँ से चली जाओ!

हिल्दे : *(फ़ोल्डर को ज़रा पीछे हटाते हुए)* अरे, अरे, अरे, - मेरे पीछे क्यों पड़ गये आप! आप जिन्नों की बात करते हैं। मेरा ख़याल है कि आप खुद एक जिन्न जैसा सुलूक कर रहे हैं *(अपने चारों ओर देखते हुए)* आप अपना पेन और स्याही कहाँ रखते हैं?

सोलनेस : मैं ऐसी चीज़ें यहाँ नहीं रखता।

हिल्दे : *(दरवाज़े की ओर जाते हुए)* लेकिन दफ़्तर में जहाँ वह लड़की बैठती है -

सोलनेस : तुम यहीं रुको, हिल्दे! मुझे झूठ बोल देना चाहिए, तुमने कहा। ठीक है, यही सही, उसके बूढ़े पिता की ख़ातिर। क्योंकि एक समय था जब मैंने उसे तोड़ डाला था। उसे कुचल डाला था।

हिल्दे : उन्हें भी?

सोलनेस : मुझे *अपने* लिए जगह बनाना थी। लेकिन यह रन्गनार, - उसे किसी भी कीमत पर अपने पैरों पर खड़ा नहीं होना चाहिए।

हिल्दे : बेचारा, मुझे लगता भी नहीं कि वह अपने पैरों पर खड़ा हो पायेगा। यदि उसमें कोई क़ाबलियत ही नहीं,-

सोलनेस : *(पास आकर उसकी ओर देखता है और फुसफसाता है)* यदि रन्गनार ब्रोविक अपने पैरों पर खड़ा हो जाता है, वह मुझे ज़मीन पर फेंक देगा। मुझे तोड़ देगा - जैसे मैंने उसके पिता के साथ किया था।

हिल्दे : *आपको* तोड़ देगा? उसमें ऐसा करने की ताक़त है?

सोलनेस : हाँ, यकीन करो, उसमें यह ताकत है! वह नौजवान पीढ़ी है, मेरे दरवाज़े को खटखटाने के लिए तैयार। और आख़िरकार मास्टर बिल्डर सोलनेस का काम तमाम करने के लिए।

हिल्दे : *(चुपचाप शिकायत-भरे अन्दाज़ में उसे देखती है)* और इसके बावजूद आप उसका रास्ता बन्द कर देना चाहते हैं? शर्म की बात है, मास्टर बिल्डर!

सोलनेस : मैंने अपने दिल का ख़ून बहाकर लड़ी थी यह लड़ाई। और फिर मुझे यह भी डर है कि ये ख़िदमतगार और वज़ीर लोग अब मेरा हुक्म नहीं मानेंगे।

हिल्दे : फिर तो आपको अकेले ही काम चलाना होगा। और कुछ नहीं किया जा सकता।

सोलनेस : कोई सूरत नहीं, हिल्दे। किस्मत तो बदल ही जायेगी। थोड़ा पहले या थोड़ा बाद। क्योंकि अपने किये की कोई काट नहीं होती।

हिल्दे : *(व्यथा में अपने कानों को बन्द करते हुए)* इस तरह से बात मत कीजिए! आप मुझे मार देना चाहते हैं? मुझसे वो छीन लेना चाहते हैं जो मेरे लिए अपने जीवन से भी ज़्यादा कीमती है?

सोलनेस : और वो क्या है?

हिल्दे : आपको शिखर पर देखना। आपको हाथ में फूलों की माला लिए हुए देखना। गिरजाघर की मीनार पर बहुत ऊँचे। *(दुबारा शान्त हो जाती है)* हाँ, तो अपनी पेन्सिल निकालिए। मेरा ख़याल है आपके पास पेन्सिल तो होगी ही?

सोलनेस : *(अपनी पॉकेट बुक निकालते हुए)* हाँ, इसमें एक है।

हिल्दे : *(फ़ोल्डर को सोफ़े वाली मेज़ पर रखते हुए)* बढ़िया। और अब हम दोनों यहाँ बैठ जाते हैं, मिस्टर मास्टर-बिल्डर। *(सोलनेस मेज़ के सामने बैठ जाता है। हिल्दे, जो उसके*

पीछे है, उसकी कुर्सी की पीठ के ऊपर से झुकी हुई है) और अब हम इन नक्शों के बारे में लिखेंगे। हम कुछ वाक़ई अच्छी और उत्साहित करने वाली बात लिखेंगे। इस उबाऊ रोआर - के लिए या जो भी उसका नाम है।

सोलनेस : *(कुछ वाक्य लिखता है, फिर सिर घुमाकर ऊपर उसकी ओर देखता है)* एक चीज़ बताओ, हिल्दे।

हिल्दे : हाँ?

सोलनेस : यदि तुम इस दस साल से मेरा इन्तज़ार करती रही हो-

हिल्दे : तो?

सोलनेस : तुमने मुझे लिखा क्यों नहीं? तब मैं तुम्हारी बात का जवाब दे सकता था।

हिल्दे : *(तेज़ी से)* नहीं, नहीं, नहीं,! यही तो मैं चाहती नहीं थी।

सोलनेस : क्यों नहीं?

हिल्दे : मुझे डर था कि सब कुछ बिगड़ जायेगा। लेकिन हम नक्शों के बारे में कुछ लिखने वाले थे, मिस्टर मास्टर बिल्डर।

सोलनेस : वो तो है।

हिल्दे : *(उसके ऊपर झुककर उसे लिखते हुए देखती है)* बहुत उदारता और आत्मीयता से। ओह, मुझे कितनी नफ़रत है - इस रोआल्ड - से

सोलनेस : *(लिखते हुए)* तुम्हें कभी किसी से लगाव महसूस नहीं हुआ हिल्दे?

हिल्दे : *(रुखाई से)* आपको क्या लगता है?

सोलनेस : तुम्हें कभी किसी से लगाव नहीं हुआ?

हिल्दे : आपका मतलब है किसी और से?

सोलनेस : *(ऊपर उसकी ओर देखते हुए)* किसी और से, हाँ। कभी नहीं हुआ? इन दस सालों में? कभी नहीं?

हिल्दे : हुआ है, कभी-कभार। उस दौरान जब मैं आपसे बहुत

नाराज़ थी क्योंकि आप आये नहीं।

सोलनेस : यानी तुम्हारी दूसरे लोगों में रुचि रही है?

हिल्दे : बहुत कम। कभी हफ़्ते भर के लिए। हे भगवान, मास्टर बिल्डर, आप जानते ही हैं कि इस तरह की चीज़ का क्या मतलब होता है।

सोलनेस : हिल्दे, - तुम किस लिए आयी हो?

हिल्दे : बातों में वक्त बर्बाद मत कीजिए। वह बेचारा बूढ़ा इस दौरान मर जायेगा।

सोलनेस : जवाब दो, हिल्दे। तुम्हें मुझ से क्या चाहिए?

हिल्दे : मुझे अपनी सल्तनत चाहिए।

सोलनेस : हम्म् *(वह बायीं ओर के दरवाज़े की तरफ़ तेज़ी से नज़र दौड़ाता है और फिर नक़्शों के बारे में लिखने लगता है। उसकी क्षण श्रीमती सोलनेस अन्दर आती हैं। वे कुछ डिब्बे उठाए हुए हैं)*

श्रीमती सोलनेस : मैं तुम्हारे लिए कुछ चीज़ें ले आयी हूँ, मिस वांगेल। बड़े डिब्बे बाद में आयेंगे।

हिल्दे : ओह, आप कितनी मेहरबान हैं!

श्रीमती सोलनेस : सिर्फ़ मेरा फ़र्ज़। और कुछ भी नहीं।

सोलनेस : *(अपने लिखे को पढ़ते हुए)* आलीने!

श्रीमती सोलनेस : हाँ?

सोलनेस : तुमने ध्यान दिया कि वह लड़की, वह अकाउटैण्ट वहाँ थी?

श्रीमती सोलनेस : बिलकुल थी।

सोलनेस : *(नक़्शों को फ़ोल्डर में डालते हुए)* हम्म् -

श्रीमती सोलनेस : वह डेस्क के सामने खड़ी थी, जैसे वह हमेशा खड़ी होती है जब *मैं* कमरे में से गुज़रती हूँ।

सोलनेस : *(उठते हुए)* तब मैं यह फ़ोल्डर उसे दे आता हूँ। और उसे बता देता हूँ -

हिल्दे : *(फ़ोल्डर उससे लेते हुए)* ओह नहीं, इसका आनन्द मुझे लेने दीजिए। *(दरवाज़े की ओर जाते हुए मुड़ती है)* उसका नाम क्या है?

सोलनेस : उसका नाम मिस फ़ोस्ली है।

हिल्दे : बकवास, यह कितना ठण्डा लगता है! मैं उसका नाम पूछ रही हूँ।

सोलनेस : काया - मेरे ख़याल में।

हिल्दे : *(दरवाज़ा खोलकर पुकारते हुए)* काया! इधर आ जाओ! जल्दी! मिस्टर सोलनेस तुमसे बात करना चाहते हैं। *(काया फ़ोस्ली दरवाज़े में से आती है)*

काया : *(डरी हुई सी उसे देखती है)* कहिए?

हिल्दे : *(फ़ोल्डर उसकी ओर बढ़ाते हुए)* ये लो, काया! तुम इसे ले जा सकती हो। मिस्टर सोलनेस ने इसका अनुमोदन कर दिया है।

काया : ओह, आख़िरकार!

सोलनेस : इसे जितनी जल्दी हो सकता है बूढ़े को दिखा दो।

काया : मैं इसे लेकर सीधा घर जाती हूँ।

सोलनेस : हाँ, जाओ। तब रग्नार यदि चाहे तो खुद अपना काम शुरू कर सकता है।

काया : ओह, क्या वह हर चीज़ के लिए आपका शुक्रिया अदा करने आ सकता है -?

सोलनेस : *(सख़्त आवाज़ में)* मुझे शुक्रिया की ज़रूरत नहीं! मेरी तरफ़ से उसे यह बता देना -।

काया : ठीक है।

सोलनेस : और उसे यह भी बता देना कि अब मुझे उसकी ज़रूरत नहीं। न ही तुम्हारी।

काया : *(धीमी और काँपती हुई आवाज़ में)* मेरी भी नहीं?

सोलनेस : तुम्हारे पास सोचने के लिए अब और चीज़ें होंगी। और

करने के लिए भी। और यह ठीक ही है। तो जाओ अब, नक्शे लेकर घर, मिस फ़ोस्ली। इसी वक्त! तुम सुन रही हो?

काया : *(पहले की तरह ही)* हाँ, मिस्टर सोलनेस- *(वह बाहर चली जाती है)*

श्रीमती सोलनेस : हे भगवान, कितनी मक्कार आँखें हैं इसकी!

सोलनेस : इसकी! इस बेचारी लड़की की?

श्रीमती सोलनेस : ओह, मुझे ठीक ही नज़र आता है जो भी नज़र आता है, हल्वर्ड। - क्या तुम उन्हें वाक़ई नौकरी से निकाल रहे हो?

सोलनेस : हाँ।

श्रीमती सोलनेस : इसे भी?

सोलनेस : क्या तुम यही नहीं चाहती थीं?

श्रीमती सोलनेस : लेकिन *उसके* बिना तुम्हारा काम कैसे चलेगा - ? पर हाँ, ज़रूर तुम्हारे मन में कोई और होगा, हल्वर्ड।

हिल्दे : *(चहचहाते हुए)* जो भी हो, डेस्क के पास खड़े रहना *मुझे* तो बिलकुल नहीं आता।

सोलनेस : ठीक है, ठीक है - यह सब तो अपने आप निपट जायेगा, आलीने। अब जिस चीज़ के बारे में तुम्हें सोचना चाहिए वह है नये घर में जाना - जितनी जल्दी हम जा सकें। आज शाम फूलों की माला तो हम डाल ही देंगे - *(हिल्दे की ओर मुड़ते हुए)* - मीनार के कलश पर, बहुत ऊपर। इसके बारे में तुम्हारा क्या विचार है, मिस हिल्दे?

हिल्दे : *(नाचती हुई आँखों से उसकी ओर देखती है)* आपको दुबारा इतना ऊपर देखना कितना शानदार होगा।

सोलनेस : मुझे!

श्रीमती सोलनेस : भगवान के लिए, मिस वांगेल, इसकी कल्पना भी न

करो! मेरे पति - ! ऐसा करने से सर चकरा जाता है इनका।

हिल्दे : सर चकरा जाता है! नहीं, ज़रा भी नहीं चकराता।

श्रीमती सोलनेस : ओह, लेकिन सर तो इनका चकराता ही है।

हिल्दे : लेकिन मैंने अपनी आँखों से इन्हें गिरजाघर की ऊँची मीनार के ऊपर देखा है!

श्रीमती सोलनेस : हाँ, मैंने लोगों को इसकी बात करते सुना है। लेकिन यह सरासर नामुमकिन है -

सोलनेस : *(ज़ोर देते हुए)* नामुमकिन - हाँ, नामुमकिन! लेकिन फिर भी मैं वहाँ चढ़ा ज़रूर था!

श्रीमती सोलनेस : ओह, तुम यह कैसे कह सकते हो, हल्वर्ड? तुम्हें तो यहाँ दूसरी मंज़िल की बाल्कनी पर भी जाना मुश्किल लगता है। और तुम्हारे साथ हमेशा से ही ऐसा रहा है।

सोलनेस : इस शाम तुम शायद कुछ और ही देखोगी।

श्रीमती सोलनेस : *(भयभीत)* नहीं, नहीं, नहीं! नहीं भगवान मैं यह नहीं होने दूँगी! मैं इसी वक्त डॉक्टर को बताती हूँ। मैं जानती हूँ कि वे तुम्हें रोक देंगे।

सोलनेस : लेकिन आलीने - !

श्रीमती सोलनेस : हाँ, क्योंकि तुम वाक़ई बीमार हो, हल्वर्ड! इसका मतलब और कुछ नहीं हो सकता! हे भगवान! *(वे तेज़ी से दायीं ओर बाहर चली जाती हैं)*

हिल्दे : (एकाग्र भाव से उन्हें देखते हुए) यह *सच* है या नहीं?

सोलनेस : कि मुझे ऊँची जगह पर चक्कर आते हैं?

हिल्दे : कि मेरा मास्टर बिल्डर इतना ऊँचा चढ़ने की *हिम्मत* नहीं रखता, - कि वह वहाँ *चढ़* नहीं सकता जितनी ऊँची इमारतें वह बना सकता है?

सोलनेस : तुम इस चीज़ को ऐसे देखती हो?

हिल्दे : हाँ?

सोलनेस : मेरा ख़याल है मेरे अन्दर का एक कोना भी तुमसे

छिपा हुआ नहीं है।

हिल्दे : *(खाँचे वाली खिड़की की ओर देखते हुए)* तो फिर चढ़ जाइए, वहाँ ऊपर बिलकुल चोटी पर -

सोलनेस : *(पास आते हुए)* तुम मीनार का सबसे ऊपरी कमरा ले लेना, हिल्दे। तुम वहाँ राजकुमारी की तरह रहना।

हिल्दे : *(अनिश्चय में, मज़ाक और संजीदगी के बीच)* हाँ, आपने यही वायदा किया था मुझसे।

सोलनेस : क्या *वाक़ई?*

हिल्दे : शर्म की बात है, मास्टर बिल्डर! आप ही ने तो कहा था कि मैं शहज़ादी बन कर रहूँगी। और कि मुझे आपसे एक सल्तनत मिलने वाली थी। और फिर आप चले गये और - और खैर!

सोलनेस : *(सतर्कता से)* क्या ये पक्की बात है कि यह किसी तरह का कोई सपना नहीं है, - कोरी कल्पना जो तुम्हारे मन में बैठ गयी है?

हिल्दे : *(तीखे और कड़वे स्वर में)* तो यह मान लेना चाहिए कि आपने ऐसा *नहीं* किया?

सोलनेस : मुझे खुद भी पता नहीं। *(पहले से धीमी आवाज़ में)* लेकिन अब मैं यकीनी तौर पर जानता हूँ, कि मुझे -

हिल्दे : कि आपको? एकदम कह डालिए!

सोलनेस : कि मुझे ऐसा कर *देना* चाहिए था?

हिल्दे : *(उत्साह से फट पड़ती है) आपको* कभी चक्कर नहीं आये!

सोलनेस : तो फिर आज शाम को हम फूल माला लटकाएँगे, शहज़ादी हिल्दे।

हिल्दे : *(हल्की कडुवाहट के स्वर में)* हाँ, आपके नये घर के ऊपर।

सोलनेस : नये मकान के ऊपर। जो कभी मेरा घर नहीं होगा।

(वह बगीचे वाले दरवाज़े से बाहर चला जाता है)

हिल्दे : *(सीधा अपने सामने की ओर देख रही है जैसे स्वप्न में खोयी हो, और बुदबुदा रही है। जो शब्द सुनायी देते हैं वे सिर्फ़ ये है-)* - क्या मज़ा आने वाला है -

अंक तीन

सोलनेस दम्पति के घर का एक लम्बा, चौड़ा बरामदा। घर का एक हिस्सा, जिसमें से एक दरवाज़ा बरामदे में खुलता है, बाँयी ओर नज़र आ रहा है, और बरामदे के दायीं ओर एक रेलिग है। पीछे, बरामदे के कम चौड़े छोर में से सीढ़ियाँ बगीचे में उतरती हैं जो निचले स्तर पर है। बगीचे में खड़े पुराने पेड़ों की टहनियाँ बरामदे के ऊपर और घर की ओर आती है। पेड़ों के बीच, बिलकुल दायीं ओर नये घर का सबसे निचले स्तर का थोड़ा-सा हिस्सा दिखायी दे रहा है। इस घर के मीनार वाले हिस्से के चारों तरफ़ मिस्त्रियों की मचान है। पृष्ठ भूमि में बगीचा लकड़ी की पुरानी बाड़ से घिरा हुआ है। बाड़ के बाहर गली है जिसमें छोटे-छोटे, टूटे-फूटे घर हैं। साँझ के आकाश में बादल सूरज की रोशनी में चमक रहे हैं।

बरामदे में बगीचे वाला एक बेंच घर की दीवार के साथ सटा है और उसके सामने एक लम्बी मेज़ है। मेज़ के दूसरे छोर पर एक आरामकुर्सी और कुछ स्टूल हैं। सारा फर्नीचर बेंत का है।

सफ़ेद रंग के एक बड़े से शॉल में लिपटी श्रीमती सोलनेस कुर्सी पर आराम कर रही हैं और टकटकी लगाये दायीं ओर देख रही हैं। थोड़ी देर में हिल्दे वांगेल बगीचे की सीढ़ियों से ऊपर आती है। वह उसी पहले वाली पोशाक में है और हैट पहने है। अपनी पोशाक पर सामने की तरफ़ वह छोटे-छोटे साधारण फूलों का गुच्छा लगाये है।

श्रीमती सोलनेस : *(सिर को थोड़ा घुमाते हुए)* तो तुम बाग़ में सैर करके

आयी हो, मिस वांगेल?

हिल्दे : हाँ, मैं वहाँ नीचे ज़रा इधर-उधर घूम रही थी।

श्रीमती सोलनेस : और कुछ फूल भी मिल गये तुम्हें।

हिल्दे : बेशक! बाग में ढेर सारे फूल हैं। झाड़ियों के बीच।

श्रीमती सोलनेस : ओह, सच में? अभी तक? हाँ, होंगे ही, क्योंकि मैं तो कभी उस तरफ़ जाती ही नहीं।

हिल्दे : *(पास आते हुए) क्या!* आप रोज़ भागकर बाग़ में नहीं चली जातीं?

श्रीमती सोलनेस : *(हल्की मुस्कान के साथ)* अब मैं 'भागकर' कहीं भी नहीं जाती। अब नहीं।

हिल्दे : लेकिन, वहाँ इतनी सुन्दर चीज़ें हैं। आप कभी-कभार तो जाकर उन्हें देखती ही होंगी?

श्रीमती सोलनेस : मुझे यह सब अब बहुत अजनबी-सा लगता है। मैं इसे दुबारा देखने से लगभग डरती हूँ।

हिल्दे : आपका अपना बगीचा!

श्रीमती सोलनेस : मुझे अब वह *अपना* नहीं लगता।

हिल्दे : आपका मतलब क्या है?

श्रीमती सोलनेस : नहीं, नहीं, अब वो मेरा नहीं है। अब वो वैसा नहीं है जैसा माँ और पिता के ज़माने में होता था। उन्होंने बाग़ का बहुत सारा हिस्सा हटा दिया है, मिस वांगेल। ज़रा सोचो - उन्होंने उसे छोटे-छोटे टुकड़ों में काटकर अजनबियों के लिए घर बना दिये हैं। जिन लोगों को मैं जानती भी नहीं, और वे अपनी खिड़कियों के पीछे से मुझे देख सकते हैं।

हिल्दे : *(खुशी में दमकते हुए भाव से)* मिसेज़ सोलनेस?

श्रीमती सोलनेस : हाँ?

हिल्दे : मैं यहाँ आपके साथ कुछ देर रह सकती हूँ?

श्रीमती सोलनेस : हाँ, बिलकुल, यदि तुम चाहो।

(हिल्दे एक स्टूल लेकर आरामकुर्सी के पास बैठ जाती है)

हिल्दे : आह, - यहाँ बैठकर आप किसी बिल्ली की तरह धूप का मज़ा ले सकते हैं।

श्रीमती सोलनेस : *(आहिस्ता से अपना हाथ हिल्दे की गर्दन पर रखते हुए)* यहाँ *मेरे* पास बैठने के लिए शुक्रिया। मुझे लगा तुम अन्दर जाकर मेरे पति के पास बैठोगी।

हिल्दे : मैं करूँगी क्या उनके पास बैठकर?

श्रीमती सोलनेस : उनकी मदद।

हिल्दे : नहीं, शुक्रिया। वैसे भी, वो अन्दर हैं ही नहीं। वो नीचे मज़दूरों के पास हैं। लेकिन वो इतने तमतमाये हुए थे कि मेरी हिम्मत नहीं हुई उनसे बात करने की।

श्रीमती सोलनेस : ओह, पर असल में वे बहुत नर्म है और उनका दिल बहुत कोमल है।

हिल्दे : *वो*?

श्रीमती सोलनेस : तुम उन्हें अभी पूरी तरह नहीं जानतीं, मिस वांगेल।

हिल्दे : *(स्नेह से उन्हें देखते हुए)* आप खुश हैं कि आप नये घर में जाने वाली हैं?

श्रीमती सोलनेस : मुझे खुश *होना* तो चाहिए। क्योंकि हल्वर्ड यही चाहते हैं–

हिल्दे : ओह, सिर्फ़ इसी वजह से?

श्रीमती सोलनेस : हाँ, वाक़ई मिस वांगेल। क्योंकि यह मेरा फर्ज़ है, उनके कहे को मानना। लेकिन अक्सर यह बहुत मुश्किल लगता है, अपने मन को हुक्म माने के लिए मजबूर करना।

हिल्दे : हाँ, यह तो बहुत ही मुश्किल होता होगा।

श्रीमती सोलनेस : बहुत मुश्किल होता है, यकीन करो। जब आप में इतनी कमियाँ हों जितनी मुझमें हैं -

हिल्दे : जब किसी ने इतना दुख देखा हो जितना आपने -

श्रीमती सोलनेस : यह *तुम* कैसे जानती हो?

हिल्दे : आपके पति ने मुझे बता दिया था।

श्रीमती सोलनेस : वे उन चीज़ों के बारे में मुझसे बहुत कम बात करते हैं। हाँ, यह तो मैं कह ही सकती हूँ कि मैंने बहुत दुख देखा है, मिस वांगेल।

हिल्दे : *(सहानुभूति से उनकी ओर देखती है और सिर हिलाती है)* बेचारी मिसेज़ सोलनेस। पहले आपको वह आग झेलनी पड़ी -

श्रीमती सोलनेस : *(ठण्डी साँस लेते हुए)* हाँ। मेरा उसमें सब कुछ ख़ाक हो गया।

हिल्दे : और फिर वो हुआ जो उससे भी बुरा था।

श्रीमती सोलनेस : *(प्रश्नसूचक भाव से उसे देखते हुए)* उससे भी बुरा?

हिल्दे : सबसे बुरा।

श्रीमती सोलनेस : क्या मतलब है तुम्हारा?

हिल्दे : *(धीमी आवाज़ में)* आपके दो नन्हें लड़के भी चले गये।

श्रीमती सोलनेस : ओह, हाँ। लेकिन *वो* एक दूसरी ही चीज़ थी। वो भगवान की इच्छा थी। और ऐसी चीज़ को मान लेना पड़ता है। और शुक्रिया भी अदा करना होता है।

हिल्दे : आप करती हैं?

श्रीमती सोलनेस : हमेशा नहीं। मैं जानती हूँ यह मेरा फ़र्ज़ है। लेकिन फिर भी मैं ऐसा कर नहीं सकती।

हिल्दे : नहीं, नहीं, मेरा ख़याल है यह स्वाभाविक ही है।

श्रीमती सोलनेस : और मैं बार-बार अपने आप को बताती रहती हूँ कि यह मेरे लिए बिलकुल सही सज़ा थी -

हिल्दे : क्यों?

श्रीमती सोलनेस : क्योंकि मैं अपनी बदकिस्मती के दिनों में धीरज छोड़ बैठी थी।

हिल्दे : लेकिन मुझे नहीं लगता -

श्रीमती सोलनेस : ओह नहीं, नहीं, नहीं, मिस वांगेल। मुझसे उन दो नन्हें लड़कों की बात न करो। हमें सिर्फ़ उनकी ख़ातिर ख़ुश होना चाहिए। क्योंकि वे बिलकुल ठीक हैं - सब कुछ

ठीक है अब। असल में जो चीज़ें हमें सबसे ज़्यादा दुखी करती हैं वे बहुत छोटी-छोटी चीज़ें होती हैं। उन सारी चीज़ों से हाथ धो बैठना जो लोगों की नज़र में कुछ नहीं हैं।

हिल्दे : *(अपना हाथ उनके घुटने पर रखती है और उन्हें स्नेह से देखती है)* मुझे बताइये कौन सी चीज़ें डीयर मिसेज़ सोलनेस?

श्रीमती सोलनेस : जैसे मैंने कहा। सिर्फ छोटी-छोटी चीज़ें। दीवारों पर लगे पुराने पोट्रेट, सब जल गये थे। और इसी तरह सिल्क के सब पुराने कपड़े। वे कई पीढ़ियों से परिवार में चले आ रहे थे। और माँ और नानी की सारी लेस, वो भी जल गयी। और ज़रा कल्पना करो - उनके ज़ेवर भी। *(भारी मन से)* और फिर वो सारी गुड़ियाँ।

हिल्दे : गुड़ियाँ?

श्रीमती सोलनेस : *(सुबकियों से रुँधे कण्ठ से)* मेरी नौ सुन्दर गुड़ियाँ थीं।

हिल्दे : और वो भी जल गयीं?

श्रीमती सोलनेस : सब की सब। ओह यह इतना क़ठिन था - इतना कठिन था मेरे लिए -

हिल्दे : आपने अपनी गुड़ियाँ कहीं सम्भाल कर रख छोड़ी थी? बचपन से?

श्रीमती सोलनेस : सम्भाल कर नहीं। मैं उन्हें अपने पास ही रखती थी।

हिल्दे : बड़ी होने के बाद भी?

श्रीमती सोलनेस : हाँ, उसके बहुत बाद तक।

हिल्दे : शादी होने के बाद भी?

श्रीमती सोलनेस : ओह हाँ। लेकिन इनसे छिपाकर रखती थी मैं उन्हें -। वे सब जल गयीं, बेचारी। किसी ने भी उन्हें बचाने की नहीं सोची। ओह, कितना दुख होता है उनके बारे में सोचकर। लेकिन तुम मुझ पर हँसना नहीं, मिस वांगेल।

हिल्दे : मैं तो ज़रा भी नहीं हँस रही।

श्रीमती सोलनेस : क्योंकि, अपने ढंग से, वे भी ज़िन्दा थीं। मैं उन्हें अपने दिल से लगाकर रखती थी। जैसे कि वे छोटे-छोटे अजन्मे बच्चे हों।

(अपना हैट हाथ में पकड़े डॉ. हैर्दाल दरवाज़े में से अन्दर आते हैं और श्रीमती सोलनेस और हिल्दे पर नज़र दौड़ाते हैं)

डॉ. हैर्दाल : तो आप बाहर बैठी हैं, ताकि आपको ठण्ड लग जाये, है न, मिसेज़ सोलनेस?

श्रीमती सोलनेस : मुझे आज यहाँ अच्छा और गुनगुना-सा महसूस हो रहा है।

डॉ. हैर्दाल : वो तो ठीक है। लेकिन क्या यहाँ कुछ होने वाला है? आपने मुझे सन्देशा भेजा था।

श्रीमती सोलनेस : *(उठते हुए)* हाँ, मुझे आपसे कुछ बात करनी है।

डॉ. हैर्दाल : ठीक है। तो फिर क्या अन्दर चलें? *(हिल्दे से)* आज भी आप पहाड़ी पोशाक में हैं, मिस वांगेल?

हिल्दे : *(खुशी-खुशी उठती हुई)* बिलकुल! पूरी किट में। लेकिन आज मैं कहीं चढ़ नहीं रही, अपनी गर्दन तोड़ने। हम दोनों चुपचाप यहाँ नीचे रहेंगे और सिर्फ़ देखेंगे, डॉक्टर।

श्रीमती सोलनेस : *(धीमी और डरी हुई आवाज़ में, हिल्दे से)* चुप रहो, भगवान के लिए! वे आ रहे है। कोशिश करो कि वे इस विचार को छोड़ दें। और फिर हम दोनों दोस्त भी तो बन सकती हैं, मिस वांगेल नहीं?

हिल्दे : *(आवेग में उन्हें अपनी बाहों में लेते हुए)* ओह, काश ऐसा होता!

श्रीमती सोलनेस : *(धीरे से अपने आप मुक्त करते हुए)* बस, बस। वो आ रहे हैं, डॉक्टर। आइए, ज़रा बात कर लें।

डॉ.हैरदाल : क्या यह उनके बारे में है?

श्रीमती सोलनेस : हाँ, उन्हीं के बारे में। अन्दर आ जाइए।

(श्रीमती सोलनेस और डॉक्टर घर के अन्दर चले जाते

है। कुछ क्षण बाद सोलनेस बगीचे की सीढ़ियों से ऊपर आता है। हिल्दे का चेहरा गम्भीर हो जाता है)

सोलनेस : *(घर के दरवाजे की ओर नज़र दौड़ाते हुए, जो सावधानीवश अन्दर से बन्द है)* तुमने देखा है हिल्दे, कि जैसे ही मैं आता हूँ वे चली जाती हैं?

हिल्दे : मैंने देखा है कि जैसे ही आप आते हैं आप उन्हें जाने को मजबूर कर देते हैं।

सोलनेस : शायद मुझसे ऐसा हो जाता हो। लेकिन मैं इसके बारे में कुछ कर नहीं सकता। *(उसे ग़ौर से देखते हुए)* तुम्हें ठण्ड लग रही है क्या, हिल्दे? मेरा ख़याल है कि तुम्हें ठण्ड लग गयी है।

हिल्दे : मैं अभी-अभी तहखाने में से आयी हूँ।

सोलनेस : *इसका* क्या मतलब है?

हिल्दे : कि ठण्ड मेरी हड्डियों तक में घुसी हुई है, मिस्टर सोलनेस।

सोलनेस : मेरा ख़याल है में तुम्हारी बात समझ रहा हूँ।

हिल्दे : आप यहाँ ऊपर किसलिए आये हैं?

सोलनेस : मैंने तुम्हें वहाँ से देख लिया था।

हिल्दे : लेकिन तब तो आपने उन्हें भी देख लिया होगा, कि नहीं?

सोलनेस : मैं जानता था कि मेरे आने पर वह उसी वक़्त चली जायेगीं।

हिल्दे : क्या इससे आप बहुत उदास हो जाते हैं कि वे आपको छोड़कर चली जाती हैं?

सोलनेस : वैसे तो इससे कुछ राहत ही महसूस होती है।

हिल्दे : कि वे आपकी आँखों के सामने नहीं हैं?

सोलनेस : हाँ।

हिल्दे : कि आपके लगातार यह देखना नहीं पड़ता कि नन्हें लड़कों को लेकर वे कितना दुखी रहती हैं?

सोलनेस : हाँ, ज़्यादातर यही।

(अपने हाथ कमर के पीछे बाँधे हिल्दे टहलती हुइ बरामदे के दूसरी तरफ़ जाती है, रेलिंग के पास रुक जाती है, और बाग में नज़र दौड़ाती है)

सोलनेस : *(थोड़ी देर बाद)* तुमने उनसे काफ़ी लम्बी बात की?

हिल्दे : *(चुपचाप खड़ी रहती है और जवाब नहीं देती)*

सोलनेस : काफ़ी लम्बी, मैं पूछ रहा हूँ?

हिल्दे : *(पहले की तरह ही चुप)*

सोलनेस : उन्होंने क्या बातचीत की, हिल्दे?

हिल्दे : *(अभी भी चुप)*

सोलनेस : बेचारी आलीने! मेरा ख़याल है उन्होंने तुम्हें नन्हें लड़कों के बारे में बताया होगा।

हिल्दे : *(एक कँपकँपी उसके शरीर में दौड़ जाती है; फिर वह तेज़ी से दो-एक बार सिर हिलाती है)*

सोलनेस : वे उन्हें कभी नहीं भूल पायेंगी कभी नहीं भूल पायेगी, उम्र भर। *(पास आते हुए)* तुम फिर किसी मूर्ति की तरह खड़ी हो। जैसे कल रात तुम खड़ी थीं।

हिल्दे : *(मुड़कर बड़ी-बड़ी, गम्भीर आँखों से उसे देखती है)* मैं जा रही हूँ।

सोलनेस : *(मुड़कर स्वर में)* जा रही हो!

हिल्दे : हाँ।

सोलनेस : ओह नहीं, मैं तुम्हें नहीं जाने दूँगा!

हिल्दे : मुझे अब यहाँ करना ही क्या है?

सोलनेस : बस यहाँ रहो, हिल्दे!

हिल्दे : *(उसे ऊपर नीचे देखती है)* नहीं शुक्रिया। बात यहीं ख़त्म नहीं होगी।

सोलनेस : *(आवेश में)* तब तो और भी अच्छा है!

हिल्दे : *(क्रोध में)* मैं उस व्यक्ति को नुकसान नहीं पहुँचा

सकती जिसे मैं *जानती* हूँ। मैं उससे उसकी किसी चीज़ को छीन नहीं सकती।

सोलनेस : तुम्हें कह कौन रहा है?

हिल्दे : *(उसी बात को जारी रखते हुए)* किसी अजनबी से, हाँ! क्योंकि वह कुछ दूसरी ही बात है! कोई शख़्स जिसे मैंने कभी देखा नहीं। लेकिन कोई ऐसा व्यक्ति जिसे मैंने करीब से देखा है - ! ओह, नहीं! नहीं! ओह!

सोलनेस : हाँ, लेकिन मैंने ऐसा कोई सुझाव नहीं दिया।

हिल्दे : ओह, मिस्टर सोलनेस, आप अच्छी तरह जानते हैं कि क्या होने वाला है। इसलिए मैं जा रही हूँ।

सोलनेस : और तब *मेरा* क्या होगा, जब तुम चली जाओगी? तब मैं किस चीज़ के लिए ज़िन्दा रहूँगा? इसके बाद?

हिल्दे : *(आँखों में गूढ़ भाव दिए) आपके* लिए कोई समस्या नहीं है। आपके पास उनके प्रति आपके फर्ज़ जो हैं। आप इन फर्ज़ों की ख़ातिर ज़िन्दा रहिए।

सोलनेस : उसका समय निकल चुका है। ये ताक़तें ये - ये -

हिल्दे : शैतान।

सोलनेस : हाँ, शैतान! और मेरे भीतर यह जो जिन्न है। इन सब ने आलीने का सारा खून, उनके प्राण चूस लिए हैं। *(हताशा में हँसते हुए)* मुझे खुश करने के लिए ही मेरे जिन्न-भूतों ने ऐसा किया। हाँ, वाक़ई! *(भारी मन से)* और अब आलीने मर चुकी हैं - मेरी ख़ातिर। और मुर्दों के साथ बन्धा हुआ, मैं जी रहा हूँ। *(हताश दुख में)* मैं - मैं जो खुशी के बिना जी नहीं सकता।

(हिल्दे मेज़ के ऊपर से घूमकर बेंच पर बैठ जाती है। वह अपनी ठुड्डी को हाथों का सहारा देकर कुहनियाँ मेज़ पर टिका लेती है)

हिल्दे : *(बैठ हुई एक क्षण उसे देखती है)* आप आगे क्या बनाने वाले हैं?

सोलनेस : *(सिर हिलाते हुए)* मुझे नहीं लगता कि इसके बाद मैं ज़्यादा कुछ बना पाऊँगा।

हिल्दे : तो आप माँ-बाप के लिए वो गुनगुने और खुशहाल घर अब नहीं बनायेंगे? और बहुत सारे बच्चों के लिए?

सोलनेस : भगवान ही जानता है कि आने वाले समय में लोग इस तरह के घर बनावाना भी चाहेगें।

हिल्दे : बेचारे मास्टर बिल्डर! जिन्होंने इस काम के लिए, - इन दस सालों में - अपना जीवन बलिदान कर दिया।

सोलनेस : तुम ऐसा कह सकती हो, हिल्दे।

हिल्दे : *(तल्खी से)* ओह, यह बकवास है, - कोरी बकवास यह सब!

सोलनेस : यह सब क्या?

हिल्दे : कि हम अपनी खुशी को हासिल करने की हिम्मत नहीं कर सकते। अपनी ज़िन्दगी को! सिर्फ़ इसलिए कि कोई ऐसा शख़्स जिसे हम जानते हैं और वो हमारे रास्ते में खड़ा है!

सोलनेस : जिसे रास्ते से हटाने का हक हमें नहीं है।

हिल्दे : मुझे नहीं पता कि यह हक हमें हासिल *नहीं* है। लेकिन फिर भी -। ओह काश कि हम आँखें मूँदकर इस सारे गोरखधन्धे से दूर चले जाते! *(वह अपनी बाहें, सीधी मेज़ पर फैला देती है सिर को बायीं तरफ़ से अपनी बाहों पर टिका लेती है, और आँखें बन्द कर लेती है)*

सोलनेस : *(आरामकुर्सी को घुमाकर मेज़ के पास बैठ जाता है)* अपने पिता के घर में, वहाँ, - ऊपर क्या तुम सुखी और खुश थीं, हिल्दे?

हिल्दे : *(निश्चल पड़ी रहती है और ऐसे जवाब देती है जैसे आधी - नींद में हो)* मेरे लिए वह सिर्फ़ एक पिंजरा था।

सोलनेस : और तुम वहाँ वापिस नहीं जाना चाहतीं?

हिल्दे : *(पहले की तरह ही)* जंगल का आज़ाद पक्षी कभी पिंजरे

में नहीं जाना चाहता।

सोलनेस : इसकी बजाय वह खुली हवा मे उड़ना चाहता है -

हिल्दे : *(अभी भी पहले की तरह ही)* शिकारी परिन्दा खुली हवा में ही उड़ना पसन्द करता है -

सोलनेस : *(अपनी नज़र उस पर टिकाते हुए)* काश कि हम ज़िन्दगी का सामना उन समुद्री लुटेरों की तरह कर सकते, उन वाइकिंग लोगों की तरह -

हिल्दे : *(अपनी सामान्य आवाज़ में आँखें खोलते हुए, लेकिन बिना हिले)* और कुछ? उसे भी कह डालिए!

सोलनेस : स्वस्थ अन्तरात्मा।

(हिल्दे उठकर बैठ जाती है, ऊर्जा से भरी हुई। उसकी आँखों में एक बार फिर वही उल्लसित, नाचता हुआ भाव आ जाता है)

हिल्दे : *(उसकी ओर सिर हिलाते हुए)* मुझे पता है कि इसके बाद आप क्या बनायेंगे!

सोलनेस : तब तुम मुझसे ज़्यादा जानती हो, हिल्दे।

हिल्दे : हाँ, क्योंकि मास्टर बिल्डर बहुत मूरख किस्म के लोग होते हैं।

सोलनेस : तो वह क्या चीज़ होगी?

हिल्दे : *(फिर सिर हिलाते हुए)* आप एक क़िला बनायेंगे।

सोलनेस : कैसा किला?

हिल्दे : *मेरा* किला।

सोलनेस : तो अब तुम्हें किला चाहिए?

हिल्दे : आपने मुझसे एक सल्तनत का वायदा नहीं किया था?

सोलनेस : हाँ, तुम तो यही कहती हो।

हिल्दे : ठीक है तब। आपको इस सल्तनत को मुझे सौंपना है। और मेरा ख़याल है सल्तनत के साथ एक किला भी होता है।

सोलनेस : *(और से और ज्यादा ऊर्जा से भरते हुए)* अरे हाँ, आमतौर पर ऐसा ही होता है।

हिल्दे : बढ़िया। तब उसे मेरे लिए बना डालिए! एकदम!

सोलनेस : *(हँसते हुए)* एकदम, इसी पल?

हिल्दे : हाँ बिलकुल! क्योंकि वे दस साल - अब बीत चुके हैं। और अब मैं और इन्तज़ार नहीं करूँगी। इसलिए - मेरा किला मुझे दे दीजिए, मिस्टर मास्टर बिल्डर!

सोलनेस : तुम्हारा देनदार होना कोई आसान काम नहीं है, हिल्दे।

हिल्दे : ये आपको पहले सोचना चाहिए था। अब उसका वक्त निकल चुका है। और इसलिए *(मेज़ को थपथपाते हुए)* किले को मेज़ पर रख दीजिए! वह *मेरा* किला है! मुझे *इसी* वक्त चाहिए!

सोलनेस : *(पहले से ज्यादा गम्भीरता से, बाहें मेज़ पर रखकर उसकी ओर झुकते हुए)* तुम्हारी कल्पना में वह कैसा किला होगा, हिल्दे?

(उसकी नज़र धीरे-धीरे अपने आप को ढँक लेती है। वह ऐसे देख रही है जैसे कि अपने भीतर झाँक रही हो)

हिल्दे : *(धीरे-धीरे)* मेरा किला बहुत ऊँचा रहेगा। बहुत ऊँचा होगा वह। और उसके चारों तरफ़ कुछ नहीं होगा। ताकि मैं दूर तक देख सकूँ, बहुत दूर तक।

सोलनेस : और मेरा ख़याल है उस पर एक ऊँची मीनार भी होगी?

हिल्दे : एक बहुत ही ऊँची मीनार। और मीनार के बिलकुल ऊपर एक बाल्कनी होगी। और मैं बाहर निकल कर उस पर खड़ी हुआ करूँगी -

सोलनेस : *(बिना चाहते हुए अपने माथे को पकड़ते हुए)* तुम्हें चकरा देने वाली इतनी ऊँचाई पर खड़ा होना कैसे अच्छा लगेगा - !

हिल्दे : ओह, बहुत अच्छा लगेगा! वहाँ खड़ी होकर मैं नीचे दूसरों को देखूँगी, उन लोगों को जो गिरजाघर बनाते हैं।

और जो माँ-बाप और बहुत सारे बच्चों के लिए घर बनाते हैं। और यदि आप चाहें तो आप भी ऊपर आकर उन्हें देख सकेंगे।

सोलनेस : *(धीमी आवाज़ में)* क्या मास्टर बिल्डर को ऊपर आकर शहज़ादी से मिलने की इजाज़त होगी?

हिल्दे : यदि मास्टर बिल्डर चाहें तो।

सोलनेस : *(और भी धीमे से)* तब मेरा ख़याल है कि मास्टर बिल्डर ज़रूर आयेगा।

हिल्दे : *(सिर हिलाते हुए)* मास्टर बिल्डर - वह आयेगा।

सोलनेस : लेकिन वह और इमारतें नहीं बनायेगा, - बेचारा मास्टर बिल्डर।

हिल्दे : *(ऊर्जा से भरी हुई)* बिलकुल बनायेगा! हम दोनों मिलकर ऐसा करेंगे। फिर हम दुनिया की सबसे सुन्दर चीज़ - सबसे ज्यादा सुन्दर चीज़ बनायेंगे।

हिल्दे : ज़रा बताओ तो वह क्या है!

सोलनेस : *(मुस्कराते हुए उसे देखती है, थोड़ा सिर हिलाती है, ओंठ सिकोड़ती है, और ऐसे बोलती है जैसे किसी बच्चे से मुख़ातिब हो)* मास्टर बिल्डर, वे बहुत - बहुत मूरख लोग होते हैं।

सोलनेस : ओह हाँ, मूरख तो वे होते ही हैं। लेकिन अब बताओ कि वह क्या चीज़ होगी। वह चीज़ जो दुनिया की सबसे सुन्दर चीज़ होने जा रही है। और जिसे हम दोनों मिलकर बनायेंगे?

हिल्दे : *(कुछ देर चुप रहती है और फिर आँखों में एक गूढ़ भाव लिए कहती है)* हवाई किले।

सोलनेस : हवाई किले?

हिल्दे : *(सिर हिलाते हुए)* हाँ, हवाई किले! आपको पता है कि हवाई किला कैसा होता है?

सोलनेस : तुम्हारे अनुसार वह दुनिया की सबसे सुन्दर चीज़ होती है।

हिल्दे : *(आवेग में उठ खड़ी होती है और इस विचार को इशारे से परे कर देती है)* हाँ, बिलकुल! हाँ, हवाई किले, उनमें छिप जाना कितना आसान है। और उन्हें बनाना भी। *(उसकी ओर तिरस्कार से देखती है)* ख़ासतौर से उन मास्टर बिल्डरों के लिए जिनकी - जिनकी आत्माएँ ऊँचाइयों से घबराती हैं।

सोलनेस : *(उठते हुए)* आज के बाद हम दोनों मिलकर इन्हें बनायेंगे, हिल्दे।

हिल्दे : *(आधे संशय में मुस्कराते हुए)* एक असली हवाई किला?

सोलनेस : हाँ। ऐसा हवाई किला जिसके नीचे नींव हो।

(रग्नार ब्रोविक घर से बाहर निकलता है। उसके हाथों में फूलों और सिल्क के रिब्बनों की एक बड़ी-सी, हरी फूलमाला है)

हिल्दे : *(खुशी से चिल्लाते हुए)* फूलमाला! ओह अब तो मज़ा आ जायेगा!

सोलनेस : *(हैरानी से)* माला *तुम* लेकर आये हो, रग्नार?

रग्नार : मैंने फ़ोरमैन से वायदा किया था कि मैं ही लाऊँगा।

सोलनेस : *(राहत महसूस करते हुए)* ओह, यानी तुम्हारे पिता की हालत कुछ ठीक है?

रग्नार : नहीं।

सोलनेस : उसे बेहतर महसूस नहीं हुआ - जो मैंने लिखा था - उसे जानने के बाद?

रग्नार : तब तक समय निकल चुका था।

सोलनेस : समय निकल चुका था!

रग्नार : जब वह वहाँ पहुँची, वे होश खो चुके थे। उन्हें दिल का दौरा पड़ चुका था।

सोलनेस : लेकिन तब तो तुम घर जाओ! अपने पिता को सम्भालो!

रग्नार : अब उन्हें मेरी ज़रूरत नहीं।

सोलनेस : लेकिन तुम्हें उनके पास होना चाहिए।

रन्गनार : *वह* उनके बिस्तर के पास बैठी है।

सोलनेस : *(ज़रा अनिश्चय के साथ)* काया?

रन्गनार : *(स्याह नज़रों से उसे देखते हुए)* हाँ - काया। हाँ।

सोलनेस : घर जाओ, रन्गनार। उन दोनों के पास। माला *मुझे* दे दो।

रन्गनार : *(एक मज़ाकिया मुस्कान छिपाते हुए)* आप तो नहीं - आप खुद - ?

सोलनेस : इसे लेकर मैं खुद नीचे जाऊँगा। *(फूलमाला उससे लेते हुए)* और अब, तुम घर जाओ। हमें आज तुम्हारी ज़रूरत नहीं।

रन्गनार : मैं जानता हूँ कि आज के बाद आपको मेरी ज़रूरत नहीं। लेकिन आज तो मैं यहीं रुकूँगा।

सोलनेस : ठीक है, रुके रहो, यदि तुम्हारी यही मंशा है।

हिल्दे : *(रेलिंग के पास)* मिस्टर सोलनेस - मैं यहीं खड़ी आपको देखूँगी।

सोलनेस : मुझे देखोगी!

हिल्दे : यह बहुत ही रोमांचक दृश्य होने वाला है।

सोलनेस : *(धीमी आवाज़ में)* तुम और मैं थोड़ी देर में इसके बारे में बात करेंगे, हिल्दे।

(वह फूलमाला लिए सीढ़ियाँ उतरता है और बाग में चला जाता है)

हिल्दे : *(उसे जाते हुए देखती है और फिर रन्गनार की ओर मुड़ती है)* मेरा ख़याल है तुम्हें उनका शुक्रिया अदा कर देना चाहिए था।

रन्गनार : शुक्रिया अदा करना चाहिए था? मुझे *उनका* शुक्रिया अदा करना चाहिए था?

हिल्दे : हाँ, बिलकुल करना चाहिए था!

रग्नार : मेरा ख़याल में उनकी बजाय मुझे *तुम्हारा* शुक्रिया अदा करना चाहिए।

हिल्दे : तुम ऐसी बात कैसे कर सकते हो?

रग्नार : *(उसे जवाब लिए बिना)* लेकिन तुम ज़रा सतर्क रहो, मिस वांगेल! क्योंकि तुम अभी उन्हें अच्छी तरह नहीं जानतीं।

हिल्दे : *(जोश में)* ओह, उन्हें सबसे बेहतर मैं ही जानती हूँ!

रग्नार : *(कड़ुवाहट से हँसते हुए)* उसका शुक्रिया अदा करूँ जिसने साल दर साल मुझे दबा कर रखा! जिसकी वजह से मेरे पिता को मुझ पर शक होने लगा -। खुद मुझे अपने आप पर शक होने लगा -। और यह सब सिर्फ़ इसलिए ताकि - !

हिल्दे : *(जैसे कि कुछ बूझते हुए)* ताकि? बताओ। एकदम!

रग्नार : ताकि वे उसे अपने पास रख सकें।

हिल्दे : *(अचानक उसकी ओर लपकते हुए)* डेस्क वाली लड़की को!

रग्नार : हाँ।

हिल्दे : *(मुट्ठियाँ, भींचे, धमकी भरे स्वर में)* यह सही नहीं है! तुम झूठ बोल रहे हो!

रग्नार : ख़ुद मुझे इस बात पर विश्वास नहीं होना था - यदि आज वह खुद मुझे न बताती।

हिल्दे : *(जैसे कि अपने ऊपर नियन्त्रण खो बैठी हो) क्या* बताया है उसने? मुझे जानना है! तुरन्त!

रग्नार : उसने कहा कि उन्होंने उसे अपने वश में कर लिया है। - समूचे तौर पर और पूरी तरह। उसकी सारी सोच को वश में कर लिया है, सिर्फ़ अपने लिए। वो कहती है कि वो उन्हें कभी नहीं छोड़ेगी। कि वो यहीं रहेगी, जहाँ *वे* हैं -

हिल्दे : *(कौंधती हुई आँखों के साथ)* वह ऐसा कर नहीं पायेगी!

रन्गनार : *(जैसे कि टटोल रहा हो)* कौन रोकेगा उसे?

हिल्दे : *(जल्दी से)* वे *खुद* भी उसे रोक देंगे।

रन्गनार : ओह नहीं, - अब मैं सारी बात समझ गया हूँ। आगे से अब वह सिर्फ़ एक अड़चन होगी।

हिल्दे : यदि तुम इस तरह की चीज़ कह सकते हो तो - तुम कुछ नहीं समझ रहे। नहीं मैं तुम्हें बताती हूँ कि वे उसे क्यों अपने पास रखना चाहते थे।

रन्गनार : क्यों रखना चाहतें थे।

हिल्दे : ताकि वे तुम्हें अपने पास रख सकें।

रन्गनार : उन्होंने ऐसा कहा है तुम्हें?

हिल्दे : नहीं, लेकिन *यही* इसकी वजह है। यही वजह *हो* सकती है! *(वहशीपन में)* मैं - मैं चाहूँगी कि *यही* इसकी वजह हो!

रन्गनार : और जैसे ही *तुम* आयीं उन्होंने उसे छोड़ दिया।

हिल्दे : उन्होंने *तुम्हें* - *तुम्हें* छोड़ दिया! तुम्हें क्या लगता है, उन्हें उस तरह की अजीब औरतों की कोई परवाह है?

रन्गनार : *(सोचते हुए)* क्या ऐसा हो सकता है - कि वे पूरा समय मुझसे डर रहे थे?

हिल्दे : वे डर रहे थे! मुझे नहीं लगता कि तुम्हें इतना दम्भ करने की ज़रूरत है।

रन्गनार : फिर भी, उन्होंने बहुत पहले यह देख लिया होगा कि मैं भी किसी काम का था। और फिर यह तो है ही कि वे डरे हुए हैं।

हिल्दे : वे ! मैं इस बात पे तो विश्वास नहीं कर सकती!

रन्गनार : अपने ढंग से वे डरे हुए हैं। वे, महान मास्टर बिल्डर। वे दूसरे लोगों से उनकी खुशी छीनते रहे हैं - जैसा उन्होंने मेरे पिता और मेरे साथ किया - और उन्हें इस

बात का कोई डर नहीं। लेकिन एक घटिया मचान पर चढ़ने जैसी *छोटी-सी चीज़* में इस बात का ख़याल रखते हैं कि वे *ऐसा* ख़तरा मोल न लें।

हिल्दे : आह, तुम्हें उन्हें वहाँ, ऊपर देखना चाहिए था - सिर चकरा देने वाली उस ऊँचाई पर, जहाँ एक बार मैंने उन्हें देखा था!

रन्गनार : क्या तुमने ख़ुद उन्हें देखा था?

हिल्दे : हाँ, बिलकुल। कितने आज़ाद थे वे, कितने नाज़ से वे वहाँ खड़े हुए थे, गिरजाघर के वैदरकॉक पर फूलमाला बाँधते हुए।

रन्गनार : मैं जानता हूँ कि उन्होंने *एक बार* यह खतरा मोल लिया था। सिर्फ़ एक बार। हम नौजवान लोग अक्सर इसकी बात करते हैं। लेकिन दुनिया की कोई भी ताक़त उनसे दुबारा ऐसी चीज़ नहीं करवा पायेगी।

हिल्दे : वे आज फिर ऐसा करेंगे!

रन्गनार : *(तिरस्कार भाव से)* हाँ, उसमें तो कोई शक ही नहीं!

हिल्दे : हम अभी इसे देखने वाले हैं!

रन्गनार : न तो तुम और न ही मैं इसे देखने वाले हैं।

हिल्दे : *(हिंसात्मक अंदाज़ में, अपने ऊपर नियन्त्रण खोते हुए)* *मैं* देखने वाली हूँ इसे! *मैं* देखने वाली हूँ और मुझे यह *देखना* ही है!

रन्गनार : लेकिन वे ऐसा करेंगे नहीं। उनकी हिम्मत ही नहीं होगी। क्योंकि यह उनकी कमज़ोर रग है - इस महान मास्टर बिल्डर की।

(श्रीमती सोलनेस घर से निकलकर बरामदे में आती हैं)

श्रीमती सोलनेस : *(अपने आसपास देखते हुए)* वे यहाँ नहीं हैं? कहाँ चले गये हैं?

रन्गनार : मिस्टर सोलनेस वहाँ नीचे मज़दूरों के साथ हैं।

हिल्दे : वे फूलमाला लेकर गये हैं।

श्रीमती सोलनेस : *(आतंक में)* वे फूलमाला लेकर गये हैं! हे भगवान! हे भगवान! मिस्टर ब्रोविक, - आप एकदम नीचे जाइए! उन्हें यहाँ लाने की कोशिश कीजिए।

रग्नार : मैं उनसे कहूँ कि आप उनसे बात करना चाहती हैं, मिसेज़ सोलनेस?

श्रीमती सोलनेस : ओह हाँ, मेहरबानी करके। नहीं, नहीं यह मत कहिए कि मैं उन्हें बुला रही हूं। आप कह सकते हैं कि कोई आया है। और उनकी एकदम ज़रूरत है।

रग्नार : ठीक है। मैं जाता हूँ, मिसेज़ सोलनेस। *(वह सीढ़ियों से उतरकर बाग में चला जाता है)*

श्रीमती सोलनेस : ओह मिस वांगेल, तुम सोच भी नहीं सकतीं कि मुझे उनकी कितनी चिन्ता है।

हिल्दे : लेकिन क्या यह इतना डरने वाली बात है?

श्रीमती सोलनेस : ओह हाँ, तुम सोचने की कोशिश करो। मान लो कि वह वाक़ई ऐसा कर गुज़रें! मान लो कि वे मचान पर चढ़ने की ठान ही लें।

हिल्दे : *(रोमांचित)* आपको लगता है कि वे ऐसा करेंगे?

श्रीमती सोलनेस : ओह, यह कहना मुश्किल है कि वे कब कुछ भी करने की ठान लें। वे कुछ भी कर सकते हैं।

हिल्दे : आह, तो आपको भी लगता है कि वे - कि वे-?

श्रीमती सोलनेस : ओह, अब तो उनके बारे में कुछ भी कहना मुश्किल है। डॉक्टर साहिब कितनी बातें मुझे बता चुके हैं। और जब मैं इस सब को उन अलग-अलग बातों के साथ रख कर देखती हूँ जो मैंने उन्हें कहते हुए सुना है -
(डॉ. हैर्दाल दरवाजे में से बाहर देखते हैं)

डॉ. हैर्दाल : क्या वे तुरन्त नहीं आने वाले हैं?

श्रीमती सोलनेस : हाँ, लग तो रहा है। जो भी हो, मैंने सन्देशा तो भेजा है।

डॉ. हैर्दाल : *(पास आते हुए)* लेकिन आपको अन्दर जाना होगा, मिसेज़ सोलनेस -

श्रीमती सोलनेस : ओह नहीं, नहीं! मैं बाहर रहकर हल्वर्ड का इन्तज़ार करना चाहती हूँ।

डॉ. हैर्दाल : हाँ, लेकिन कुछ महिलाएँ आपसे मिलने आयी हैं -

श्रीमती सोलनेस : हे भगवान, अब *ये* भी! और वो भी इस वक्त!

डॉ. हैर्दाल : वे कह रही है कि वे रस्म को देखना चाहती हैं।

श्रीमती सोलनेस : ठीक है। तब तो मुझे अन्दर जाना ही होगा। क्योंकि यह मेरा फ़र्ज़ है।

हिल्दे : आप महिलाओं से यह नहीं कह सकतीं कि वे चली जायें?

श्रीमती सोलनेस : नहीं, उससे नहीं चलेगा। क्योंकि वे आ ही गयी हैं, उनसे मिलना मेरा फ़र्ज़ है। लेकिन तुम अभी यहीं रुकना - और जब वे आयें तो तुम यहीं रहना।

डॉ. हैर्दाल : और उन्हें जितनी देर हो सके बातों में लगाये रखना।

श्रीमती सोलनेस : हाँ, ऐसा ही करना मिस वांगेल। जितनी मज़बूती से हो सके पकड़कर रखना उन्हें।

हिल्दे : क्या यह बेहतर नहीं रहेगा कि यह आप ख़ुद ही करें?

श्रीमती सोलनेस : हाँ, वो तो है ही, भगवान जानता है, वो तो मेरा फ़र्ज, है ही। लेकिन उस वक्त जब फर्ज़ कई तरफ़ खींच रहे हो -

डा हैरदाल : *(बगीचे की ओर देखते हुए)* वो अब आ रहे हैं!

श्रीमती सोलनेस : यह सोचना - कि मुझे अन्दर जाना होगा!

डॉ. हैर्दाल : *(हिल्दे से)* मेरे यहाँ होने के बारे में कुछ नहीं कहना।

हिल्दे : ठीक है! मेरा ख़याल है कि मुझे मिस्टर सोलनेस से बात करने के लिए कोई और विषय मिल जायेगा।

श्रीमती सोलनेस : और तुम जो कुछ भी करो, बस उन्हें रोके रखना। मेरा ख़याल है कि तुम ही इसे कर सकती हो। *(श्रीमती सोलनेस और डॉ. हैर्दाल घर के अन्दर चले जाते हैं हिल्दे बरामदे में खड़ी रहती है। सोलनेस बाग की सीढ़ियों से ऊपर आता है)*

सोलनेस : मैंने सुना है कि कोई मुझसे मिलना चाहता है।

हिल्दे : ओह हाँ, वो मैं हूँ, मास्टर बिल्डर।

सोलनेस : ओह, यह तुम हो, हिल्दे। मुझे डर था कि कहीं वे डॉक्टर और आलीने न हों।

हिल्दे : आप बहुत जल्दी डर जाते हैं, या नहीं?

सोलनेस : तुम्हें ऐसा लगता है?

हिल्दे : हाँ, लोग कहते हैं कि आप इधर-उधर चढ़ने उतरने से डरते हैं - मचानों और ऐसी चीज़ों पर।

सोलनेस : ओह, वह तो एक दूसरी ही बात है।

हिल्दे : लेकिन आप इससे डरते हैं - डरते हैं या नहीं?

सोलनेस : हाँ, डरता हूँ।

हिल्दे : डरते हैं कि आप गिरकर मर जायेंगे?

सोलनेस : नहीं, ये चीज़ नहीं।

हिल्दे : तो फिर क्या?

सोलनेस : मैं उस बदले से डरता हूँ जो किस्मत आपसे लेती है हिल्दे।

हिल्दे : बदले से? *(सिर हिलाते हुए)* यह मेरी समझ से बाहर है।

सोलनेस : बैठ जाओ। और मैं तुम्हें कुछ बताता हूँ।

हिल्दे : हाँ, बताइये! इसी वक्त! *(वह रेलिंग के पास एक स्टूल पर बैठ जाती है और आशावान नज़रों से मिस्टर सोलनेस को देखने लगती है)*

सोलनेस : *(अपना हैट मेज़ पर फेंकते हुए)* यह तो तुम्हें पता ही है कि शुरू में मैं गिरजाघर बनाया करता था।

हिल्दे : *(सिर हिलाते हुए)* यह सब मुझे पता है।

सोलनेस : क्योंकि मैं गाँव के एक धार्मिक परिवार का लड़का था। और इसलिए मुझे लगा कि गिरजाघर बनाने से बढ़िया और कोई काम नहीं था।

हिल्दे : हाँ, हाँ।

सोलनेस : और मैं कह सकता हूँ कि मैंने वो छोटे-छोटे गिरजाघर इतनी निष्ठा और प्रेम-भरे भक्ति-भाव से बनाये - कि-

हिल्दे : कि? हाँ?

सोलनेस : कि मुझे लगता है कि उसे मुझ से खुश होना चाहिए था।

हिल्दे : *उसे* ? यह उसे कौन है?

सोलनेस : उसे, जिसके लिए गिरजाघर बनाये गये थे, और कौन? उसे, जिसकी सेवा में वे अर्पित थे, उसकी महिमा और शान के लिए।

हिल्दे : हाँ, लेकिन, आपको यकीन है कि कि वह आपसे ख़ुश नहीं हुआ?

सोलनेस : *(तिरस्कार भाव से)* वह *मुझ* से खुश! तुम ऐसी बात भी कैसे कर सकती हो, हिल्दे? वह, जिसने मेरे अन्दर के पिशाच को यह छूट दे दी कि वह लोगों को अपनी मनमर्ज़ी से दबाता फिरे। वह जिसने उन सब - उन - सब

हिल्दे : शैतानों को -

सोलनेस : हाँ, तरह-तरह के इन शैतानों से कह दिया कि वे दिन-रात मेरे हुक्म का इन्तज़ार करें। ओह नहीं, मुझे बता दिया गया था कि वह मुझ से खुश नहीं था। *(रहस्यमयी अन्दाज में)* यही वजह थी कि उसने अपने पुराने घर को जल जाने दिया।

हिल्दे : क्या यही वजह थी?

सोलनेस : हाँ, क्या तुम समझ नहीं रहीं? वह चाहता था कि मुझे अपने काम में एक असली उस्ताद बनने का मौका मिले ताकि मैं उसकी शान बढ़ाने के लिए गिरजाघर बनाता रहूँ। शुरू में मैं समझ नहीं पाया कि उसकी मंशा क्या थी। लेकिन अचानक मैं समझ गया।

हिल्दे : यह कब की बात है?

सोलनेस : यह तब की बात है जब मैं वहाँ ऊपर लाइसाँगर में गिरजाघर की मीनार बना रहा था।

हिल्दे : मुझे भी यही लग रहा था।

सोलनेस : क्योंकि, देखो, हिल्दे, वहाँ, ऊपर उस नयी जगह पर, मैं इधर-उधर टहलते हुए कई चीज़ों के बारे में सोचता रहता था। इस दौरान मैं साफ़तौर पर देख पाया कि उसने मेरे बच्चों को मुझ से क्यों छीन लिया था। उसने यह इसलिए किया ताकि मेरा और किसी भी चीज़ के प्रति लगाव न रहे। प्रेम या ख़ुशी जैसी कोई चीज़, तुम समझ रही हो? मैं सिर्फ़ एक उस्ताद बिल्डर बनकर रहूँ। और कुछ भी नहीं। ताकि मैं सारी उम्र उसकी शान में गिरजाघर बनाता रहूँ। *(हँसते हुए)* लेकिन इस सब में से निकला कुछ भी नहीं!

हिल्दे : तब आपने क्या किया?

सोलनेस : पहले मैंने अपने अन्दर झाँका और अपने आप को मज़बूत किया

हिल्दे : और फिर?

सोलनेस : फिर मैंने *नामुमकिन* को कर दिया। *मैंने* बिलकुल *उसी* की तरह।

हिल्दे : नामुमकिन को!

सोलनेस : इससे पहले मैं कभी ऊपर चढ़ नहीं पाया था, एकदम आज़ाद और हवा में उस बलन्दी पर। लेकिन उस दिन मैं चढ़ गया।

हिल्दे : *(उछलते हुए)* हाँ, हाँ, आप चढ़ गये थे!

सोलनेस : और जब मैंने वहाँ बिलकुल ऊपर खड़े होकर फूलमाला वैदरकॉक पर लटका दी, तब मैंने उससे कहा : अब सुन मेरी बात, ओ सर्वशक्तिमान्! अब से मैं एक आज़ाद उस्ताद हूँ। मेरे अपने दायरे में। जैसे अपने दायरे में तुम

हो। अब मैं तुम्हारे लिए गिरजाघर नहीं बनाऊँगा। सिर्फ़ लोगों के लिए घर बनाऊँगा।

हिल्दे : *(खुली, नाचती हुई आँखों से) यह* था वो गीत जो मैंने हवा में सुना था!

सोलनेस : लेकिन आख़िर उसे अपनी चक्की में पीसने के लिए कुछ मिल ही गया।

हिल्दे : *इससे* आपका क्या मतलब है?

सोलनेस : *(हताशा में उसे देखते हुए)* लोगों के लिए घर बनाना - यह बात करने लायक कोई चीज़ ही नहीं है, हिल्दे।

हिल्दे : तो अब आप यही कहना चाहते हैं?

सोलनेस : हाँ, लेकिन अब मैं इस बात को समझ सकता हूँ। लोग नहीं जानते कि वे इन घरों का क्या करें। वे उनमें खुश नहीं रह सकते। और न ही मैं जान पाता कि मैं इस तरह के घर का करूँ, यदि मेरा कोई घर होता। *(धीमी, कडुवी हँसी के साथ)* तो इस सब में से यही कुछ निकलता है, मैं चाहे कितना भी पीछे तक झाँककर क्यों न देखूँ। असल में कुछ भी बन नहीं पाया। और न ही कुछ बनाने के लिए कोई कुर्बानी ही दी गयी। कुछ भी नहीं, कुछ भी नहीं - ये सब कुछ, कुछ भी नहीं!

हिल्दे : और अब आप कुछ भी नया नहीं बनायेंगे?

सोलनेस : *(उत्साह में)* ओह, हाँ, मैं बस शुरू करने ही वाला हूँ!

हिल्दे : क्या? क्या? मुझे एकदम बताइये!

सोलनेस : वही एक चीज़ जिसमें मेरा ख़याल है लोग खुश रह सकते हैं अब मैं उसी चीज़ को बनाऊँगा।

हिल्दे : *(एकटक उसे देखते हुए)* मास्टर बिल्डर, - अब आपका मतलब हमारे हवाई किलों से हैं।

सोलनेस : हवाई किले, हाँ।

हिल्दे : मुझे डर है कि आधी ऊँचाई से पहले ही आपको चक्कर आने लगेंगे।

सोलनेस : यदि मैं तुम्हारे हाथ में हाथ डालकर चढ़ूँ, तब नहीं, हिल्दे।

हिल्दे : *(गुस्से को दबाने की कोशिश की झलक नज़र आती है)* सिर्फ़ मेरे हाथ में? क्या हम कई लोग साथ नहीं होंगे?

सोलनेस : तुम्हारा और किससे मतलब है?

हिल्दे : ओह, - उससे - वह डेस्क वाली काया। बेचारी क्या आप उसे भी साथ लेकर नहीं चलेंगे?

सोलनेस : आह! तो आलीने उसके बारे में तुमसे बात करती रही है।

हिल्दे : यह सच है या नहीं?

सोलनेस : *(गुस्से में)* मैं ऐसी किसी बात का जवाब नहीं दूँगा! तुम्हें मुझ पर विश्वास करना होगा, बस!

हिल्दे : दस साल से मैं आप पर पूरी तरह - पूरी तरह भरोसा करती आ रही हूँ।

सोलनेस : तुम्हें मुझ पर भरोसा करते रहना चाहिए!

हिल्दे : तो मुझे आपको एकदम मुक्त और पूरी बलन्दी पर देखना है!

सोलनेस : *(भारी मन से)* ओह, हिल्दे - इस तरह की चीज़ें मैं रोज़-रोज़ नहीं कर सकता।

हिल्दे : *(आवेग में)* मैं चाहती हूँ कि आप ऐसा करें! मैं चाहती हूँ कि आप ऐसा करें! *(याचना करते हुए)* सिर्फ़ एक बार और, मास्टर बिल्डर! एक बार और *नामुमकिन* को कर दिखाइए!

सोलनेस : *(खड़े होकर खोजपूर्ण नज़रों से उसे देखता है)* यदि मैं ऐसा करता हूँ, हिल्दे, मैं वहाँ खड़े होकर उससे उसी तरह बात करूँगा जैसे पिछली बार मैंने की थी।

हिल्दे : *(बढ़ते हुए रोमाँच में)* आप उससे क्या कहेंगे?

सोलनेस : मैं उससे कहूँगा - मेरी बात सुन, सर्वशक्तिमान भगवान

- तू मेरे बारे में वही सोच जो तुझे ठीक लगता है। लेकिन आज के बाद मैं सिर्फ़ दुनिया की सबसे सुन्दर चीज़ ही बनाऊँगा -

हिल्दे : *(भाव में बहते हुए)* हाँ, हाँ, हाँ!

सोलनेस : उसे एक शहज़ादी के साथ मिलकर बनाऊँगा, जिसे मैं प्रेम करता हूँ -

हिल्दे : हाँ, यह बताना उसे! यह बताना उसे!

सोलनेस : हाँ। और फिर मैं उससे कहूँगा - अब मैं नीचे उतरकर उसे अपनी बाहों में ले लूँगा और उसे चूमूँगा -

हिल्दे : कई बार! कहना उसे!

सोलनेस : कई, कई बार, मैं कहूँगा।

हिल्दे : और फिर?

सोलनेस : फिर मैं अपना हैट हिलाऊँगा और ज़मीन पर उतरूँगा और वही करूँगा जो मैंने उससे कहा था।

हिल्दे : *(बाहें फैलाकर)* अब आप वैसे ही दिख रहे हैं जैसे तब जब हवा में वह गीत था!

सोलनेस : *(सिर झुकाकर उसे देखते हुए)* तुम ऐसी कैसे बन गयीं, हिल्दे, जैसी तुम हो?

हिल्दे : आपने मुझे कैसे बना दिया जैसी कि मैं हूँ?

सोलनेस : *(संक्षिप्त और दृढ़ स्वर में)* शहज़ादी को उसका किला हासिल होगा।

हिल्दे : *(ख़ुशी में तालियाँ बजाते हुए)* ओह, मास्टर बिल्डर - ! मेरा सुन्दर, सुन्दर किला! हमारा हवाई किला!

सोलनेस : जिसके नीचे एक नींव होगी।

(गली में बहुत सारे लोग इकट्ठे हो गये हैं, जो पेड़ों में से साफ़-साफ़ नज़र नहीं आ रहे। दूर नये घर के पीछे से हवाई साज़ों का संगीत सुनायी दे रहा है। फ़र की कॉलर पहने श्रीमती सोलनेस, बाँह पर उनकी सफ़ेद शॉल उठाये डॉ. हैर्दाल, और कुछ महिलाएँ बाहर बरामदे

में आती हैं। उसी समय बगीचे की सीढ़ियों से रग्नार ब्रोविक ऊपर आता है)

श्रीमती सोलनेस : *(रग्नार से)* क्या बैण्ड भी है?

रग्नार : हाँ। वह बिल्डरों की संस्था का है। *(सोलनेस से)* फ़ोरमैन ने सन्देशा भेजा है कि वह फूलमाला लेकर ऊपर जाने को अब तैयार है।

सोलनेस : *(अपना हैट लेते हुए)* बढ़िया। मैं खुद नीचे जाता हूँ।

श्रीमती सोलनेस : *(चिन्ता में)* तुम वहाँ नीचे क्या करोगे, हल्वर्ड?

सोलनेस : *(रूखे स्वर में)* मुझे अपने लोगों के साथ वहाँ नीचे ही होना चाहिए।

श्रीमती सोलनेस : हाँ, वहाँ नीचे। सिर्फ़ नीचे।

सोलनेस : मैं सदा नीचे ही रहता हूँ। इस तरह के मौकों पर। *(वह सीढ़ियाँ उतरकर बाग में चला जाता है)*

श्रीमती सोलनेस : *(रेलिंग से उसे पुकारते हुए)* लेकिन उस आदमी से कहना कि ऊपर चढ़ते वक्त वह सतर्क रहे! वायदा करो, हल्वर्ड!

डॉ. हैर्दाल : *(श्रीमती सोलनेस से)* आप देख रही हैं कि मैं ठीक कह रहा था। वह उस बेहूदगी के बारे में अब नहीं सोच रहा।

श्रीमती सोलनेस : ओह, कितनी राहत की बात है! दो बार लोग गिर चुके हैं। और दोनों मौके पर ही मर गये। *(हिल्दे की ओर मुड़ते हुए)* मैं तुम्हारी अहसानमन्द हूँ, मिस वांगेल, कि तुमने इतनी मज़बूती से उन्हें थामे रखा। उन्हें सम्भालना मेरे बस की बात नहीं थी।

डॉ. हैर्दाल : *(उल्लास में)* हाँ, हाँ, मिस वांगेल। जब तुम वाक़ई चाहो तो तुम किसी को भी रोके रखना जानती हो!

(श्रीमती सोलनेस और डॉ. हैर्दाल महिलाओं के पास चले जाते हैं वे सीढ़ियों के पास खड़ी बाग में देख रही

हैं। हिल्दे अग्रभाग में रेलिंग के पास खड़ी रहती है। रन्गनार उसके पास आता है)

रन्गनार : *(अपनी हँसी को दबाते हुए, आवाज़ धीमी करते हुए)* मिस वांगेल तुम गली में नौजवान लोगों को देख रही हो?

हिल्दे : हाँ।

रन्गनार : मेरी तरह वे भी अभी सीख रहे हैं, और उस्ताद को देखने आये हैं।

हिल्दे : वे उन्हें क्यों देखना चाहते हैं?

रन्गनार : वे देखना चाहते हैं कि कैसे वे अपने ही घर के ऊपर चढ़ने की हिम्मत नहीं करेंगे।

हिल्दे : ओह, तो यह है जो ये नौजवान लोग चाहते हैं!

रन्गनार : *(क्रोध और तिरस्कार भाव में)* उन्होंने इतनी देर हमें दबा कर रखा। अब हम भी उन्हें दब्बुओं की तरह नीचे खड़े हुए देखना चाहते हैं।

हिल्दे : तुम यह नहीं देखोगे। इस बार नहीं।

रन्गनार : *(मुस्कराते हुए)* वाक़ई? तो हम उन्हें कहाँ देखेंगे!

हिल्दे : ऊपर, - वहाँ वैदरकॉक के पास, तुम देख लेना!

रन्गनार : *(हँसते हुए)* वे! तुम चाहो तो मान लो!

हिल्दे : वे बिलकुल जाना चाहते हैं। और इसलिए तुम उन्हें वहीं देखोगे।

रन्गनार : ओह, ठीक है, वे चाहते होंगे। यह मानने को मैं तैयार हूँ। लेकिन यह उनसे होगा नहीं। आधी चढ़ायी से पहले ही हर चीज़ उनके चारों तरफ़ घूम रही होगी। उन्हें घुटनों पर रेंगते हुए नीचे लौट आना पड़ेगा।

डॉ. हैर्दाल : *(इशारा करते हुए)* देखो! फ़ोरमैन सीढ़ी पर चढ़ रहा है।

श्रीमती सोलनेस : और उसके हाथों में फूलमाला भी है। ओह, काश कि वह सावधानी से चढ़े!

रन्गनार : *(अविश्वास से देखता है और चिल्ला उठता है)* लेकिन ये तो - !

हिल्दे : *(खुशी में फूट पड़ती है)* ये तो खुद मास्टर बिल्डर हैं!

श्रीमती सोलनेस : *(आतंक में चीख़ते हुए)* हाँ, ये तो हल्वर्ड है! हे महाप्रभु! हल्वर्ड! हल्वर्ड!

डॉ. हैर्दाल : चुप! उन पर चिल्लाइए मत!

श्रीमती सोलनेस : *(आधे पागलपन में)* मुझे जाना होगा! उसे नीचे उतारना होगा!

डॉ. हैर्दाल : *(उन्हें थामते हुए)* सब लोग चुपचाप खड़े रहो! ज़रा भी आवाज़ नहीं!

हिल्दे : *(निश्चेष्ट, सोलनेस को चढ़ते हुए देख रही है)* वे चढ़ रहे हैं, चढ़ते जा रहे हैं। ऊपर। और ऊपर! देखो! ज़रा देखो!

रन्गनार : *(साँस रोके हुए)* अब उन्हें *वापिस* मुड़ना होगा। और कुछ नहीं हो सकता।

हिल्दे : वे चढ़ रहे हैं, चढ़ते जा रहे हैं। अब जल्दी ही वे ऊपर पहुँच जायेंगे।

श्रीमती सोलनेस : ओह, मैं तो डर से मर ही जाऊँगी। यह दृश्य मैं सह नहीं सकती।

डॉ. हैर्दाल : तब उनकी तरफ़ देखिए मत।

हिल्दे : वो रहे वे, सबसे ऊपर के तख़्तों पर! एकदम ऊपर!

डॉ. हैर्दाल : कोई हिले नहीं। सुन रहें हैं सब!

हिल्दे : *(अति उल्लसित, लेकिन शान्त भावावेग में)* आख़िरकार! आख़िरकार! अब मैं देख रही हूँ उन्हें महान और उन्मुक्त, एक बार फिर!

रन्गनार : *(लगभूग मूक)* लेकिन यह तो -

हिल्दे : मैंने ऐसे ही देखा है उन्हें, इन दस सालों में। कितने सुरक्षित खड़े हैं वे! लेकिन फिर भी इतने रोमांचक! देखो उन्हें! अब वे सूचक पे फूलमाला डाल रहे हैं!

रन्गनार : ये तो एक नामुमकिन चीज़ को देखने जैसा है।

हिल्दे : हाँ, यह *नामुमकिन* ही है जिसे वे कर रहे हैं। *(आँखों में*

गूढ़ भाव लिए) तुम वहाँ ऊपर उनके साथ किसी और को भी देख रहे हो?

रग्नार : और कोई नहीं है वहाँ।

हिल्दे : ओह हाँ, कोई है वहाँ जिसका मुकाबला वे कर रहे हैं।

रग्नार : तुम बिलकुल ग़लत कह रही हो।

हिल्दे : तुम्हें हवा में जो गीत है वो भी सुनायी नहीं दे रहा?

रग्नार : यह तो पेड़ों की चोटियों में हवा की आवाज़ होगी।

हिल्दे : मुझे सुनायी दे रहा है एक गीत। एक महान गीत! *(पागल ख़ुशी और आनन्द में चिल्लाते हुए)* देखो, देखो! अब वे अपना हैट लहरा रहे हैं! यहाँ नीचे देख हमारा अभिवादन कर रहे हैं! ओह, आओ हम भी उन्हें जवाब में अभिवादन करते हैं! क्योंकि अब, अब यह सम्पूर्ण हो गया है! *(डॉक्टर से सफ़ेद शाल छीन लेती है, उसे हिलाती है, और ऊपर की ओर चिल्लाती है)* मास्टर बिल्डर, ज़िन्दाबाद!

डॉ. हैर्दाल : बन्द करो! बन्द करो! भगवान के लिए!

(बरामदे में खड़ी महिलाएँ अपने रूमाल लहराती हैं और गली में 'जय-जयकार' की ध्वनियाँ गूँजने लगती हैं। फिर अचानक सब चुप हो जाते हैं और भीड़ आतंक में चीखने लगती है। एक आदमी की देह और कुछ बाँस और बल्लियाँ नीचे पेड़ों में गिरती हुई अस्पष्ट सी दिखायी देती हैं)

श्रीमती सोलनेस और महिलाएँ : *(एक साथ)* वे गिर रहे हैं! वे गिर रहे हैं!

(श्रीमती सोलनेस लड़खड़ाती हैं, बेहोश होती हुई पीछे की ओर गिरने लगती हैं, और चीख़-चिल्लाहट और हड़बड़ी के बीच महिलाओं की बाहों में अटक जाती हैं। गली में खड़ी भीड़ बाड़ को तोड़कर बाग में भरने लगती है। डॉ. हैर्दाल भी जल्दी-जल्दी नीचे की ओर जाते हैं।

थोड़ी देर के लिए सब चुप हैं)

हिल्दे : *(स्थिर आँखों से ऊपर की ओर ताक रही है और ऐसे बोलती है जैसे पत्थर की मूर्ति हो)* मेरे मास्टर बिल्डर।

रन्गनार : *(काँपता हुआ और रेलिंग के सहारे खड़ा हुआ)* उनके टुकड़े-टुकड़े हो गये होंगे। एकदम प्राण निकल गये होंगे उनके।

एक महिला : *(जब श्रीमती सोलनेस को अन्दर ले जाया जा रहा है)* डॉक्टर को बुलाओ -

रन्गनार : मैं तो हिल भी नहीं सकता -

एक और महिला : तो फिर किसी और को बुलाओ फिर!

रन्गनार : *(बुलाने की कोशिश करते हुए)* कैसे हैं वे? क्या वे ज़िन्दा हैं?

एक आवाज : *(नीचे बाग़ में)* मिस्टर सोलनेस मर चुके हैं!

अन्य आवाज़ें : *(पहले से करीब)* उनका सिर कुचला गया है। - वे सीधे नीचे खदान में गिरे।

हिल्दे : *(रन्गनार की ओर मुड़ती है और धीमे स्वर में कहती है)* अब वे ऊपर नज़र नहीं आ रहे।

रन्गनार : भयानक मामला है। तो आख़िरकार उनसे हुआ नहीं।

हिल्दे : *(जैसे कि एक शान्त, असमंजस-भरे विजंय-भाव से बोल रही हो)* लेकिन वे ऊपर तक पहुँच गये थे। और मैंने हवा में संगीत की लहरियाँ सुनी थीं। *(शॉल को ऊपर उड़ा देती है और अदम्य उन्माद से चिल्लाती है)* मेरे - मेरे मास्टर बिल्डर!

❐❐❐